Ladungssicherung auf Straßenfahrzeugen

Fachwissen für Betreiber, Verlader und Fahrer

von

Dipl.-Ing. (FH) Markus Tischendorf

mit 165 Bildern, Tabellen und Zeichnungen

Impressum:
4. Auflage 2026
Maria-Eich-Straße 77, D-82166 Gräfelfing
info@resch-verlag.com

Bildnachweis: s. Seite 80
Umschlagzeichnung: Eckert-Design, München
Druck und Bindung: Max Siemen KG, D-22143 Hamburg
Printed in Germany
ISBN 978-3-935197-74-8

Liebe Leserinnen, liebe Leser,

Ladungssicherung ist eine notwendige Voraussetzung für sichere Transporte. Defizite bei der Ladungssicherung sind jedoch keine Seltenheit. Laut einer bundesweiten GDA-Studie (Gemeinsame Deutsche Arbeitschutzsstrategie) der Arbeitsschutzbehörden in Deutschland liegen die meisten Versäumnisse im organisatorischen Bereich. So werden knapp 20 Prozent der Hilfsmittel zur Ladungssicherung nicht regelmäßig überprüft. Mindestens jeder fünfte Mitarbeiter* ist nur unzureichend unterwiesen oder verfügt nicht über die erforderlichen Kenntnisse. Der Schutz von Lebewesen, Sachgütern und der Umwelt kann aber nur gelingen, wenn alle am Transport beteiligten Personen zusammenarbeiten. Die Verwendung eines geeigneten Fahrzeugs ist ebenso wichtig wie die Bereitstellung beförderungssicherer Ladegüter. Darüber hinaus müssen geeignete Sicherungsmethoden bekannt sein und konsequent angewandt werden.

Diese Broschüre soll dazu beitragen, die Sicherheit bei der Beförderung von Waren und Gütern nachhaltig zu verbessern. Die Inhalte richten sich an alle, die aufgrund der einschlägigen Rechtsnormen verantwortlich sind, insbesondere an Fahrzeughalter, Absender, Frachtführer sowie das Fahr- und Ladepersonal. Aufgrund des großen Umfangs des Sachgebiets konnten nicht alle Aspekte berücksichtigt werden. Im Einzelfall kann es daher nötig sein, weitergehende Informationen einzuholen. Dabei helfen technische Regelwerke wie Normen und Richtlinien des Vereins Deutscher Ingenieure (VDI). Wir hoffen, dass wir mit dieser Veröffentlichung die Möglichkeit bieten, das umfangreiche Sachgebiet der Ladungssicherung verständlich zu vermitteln.

Markus Tischendorf

Wiefelstede, Mai 2026

*Hinweis: *Aus Gründen der besseren Lesbarkeit wird in der Broschüre bei personengebundenen Bezeichnungen die männliche Sprachform (z. B. Fahrer) stellvertretend für alle Geschlechter verwendet.*

Inhaltsverzeichnis

1. Einführung

1.1 Notwendigkeit zur Ladungssicherung

Der Transport von Waren und Gütern gehört zu unserem Alltag. Der Straßengüterverkehr nimmt hierbei eine wesentliche Stellung ein. Das vorrangige Ziel ist es, den Gütertransport pünktlich, vertragsgerecht und somit zur Zufriedenheit des Empfängers zu realisieren.

Natürlich darf das Ladegut nicht beschädigt werden oder auf andere Art und Weise in Mitleidenschaft geraten. Aber genau hier lauert die Gefahr. Nicht selten hören oder lesen wir in den Medien die nachfolgenden Unfallmeldungen:

- ➜ Eisenteil knallt durch Scheibe: 39-Jährige stirbt.
- ➜ Unfall muss wachrütteln: Lkw verliert Ladung auf Bürgersteig.
- ➜ Leergut landet auf der Autobahn.
- ➜ Ladung nicht gesichert: Paket lag auf der A 46 – Pkw-Fahrer tot.
- ➜ Transporter verliert Kranfuß.
- ➜ Tonnenweise Möbel verrutscht – Polizei stoppt Sattelzug wegen ungesicherter Ladung – Sperrung.

Diese Ereignisse zeigen, dass Ladungssicherung nicht nur eine wichtige Grundlage für den Warenverkehr ist, sondern auch eine moralische Verantwortung gegenüber Mensch, Umwelt und Natur darstellt. Bedenken wir

Schlecht gesicherte Kabeltrommeln durchbrechen den Fahrzeugaufbau und fallen auf die Straße. Zum Glück wurde niemand von den jeweils etwa 750 Kilogramm schweren Trommeln verletzt.

nicht zuletzt: Die Gesundheit der am Transport beteiligten Personen sowie die der übrigen Verkehrsteilnehmer ist ein hohes Rechtsgut. Es zu schützen und zu bewahren, ist eine gemeinsame Verpflichtung.

Schutzziele der Ladungssicherung sind:

- Vermeidung von Personenschäden,
- Vermeidung von Sach- und Umweltschäden,
- Schutz der Ladung und des Fahrzeuges,
- vertragsgerechter Waren- und Gütertransport,
- Schutz vor negativen Rechtsfolgen.

1.2 Betriebliche Mängel bei der Ladungssicherung

Betriebliche Mängel bei der Ladungssicherung sind keine Seltenheit. Den staatlichen Arbeitsschutzbehörden und den Unfallversicherungsträgern (Berufsgenossenschaften) ist das bekannt. In der Vergangenheit wurden intensive Präventionsmaßnahmen unternommen, um die Verhältnisse in den Unternehmen zu verbessern.

Für derartige Maßnahmen ist es zunächst wichtig, die betrieblichen Defizite und Versäumnisse zu erfassen und zu analysieren. Das nachfolgende Diagramm zeigt häufige Mängel bei der Ladungssicherung. Demnach werden fehlerhafte Transporte nicht systematisch dokumentiert und ausgewertet. In etwa jedem dritten Unternehmen fehlen solche Auswertungen oder entsprechende Erfassungssysteme ganz. In 19 Prozent der durch die Arbeitsschutzbehörden kontrollierten Unternehmen wurden Einrichtungen und Hilfsmittel zur Ladungssicherung nicht regelmäßig durch eine „befähigte Person" (vgl. § 14 Abs. 2 BetrSichV) geprüft. Zu den prüfpflichtigen Einrichtungen gehören beispielsweise

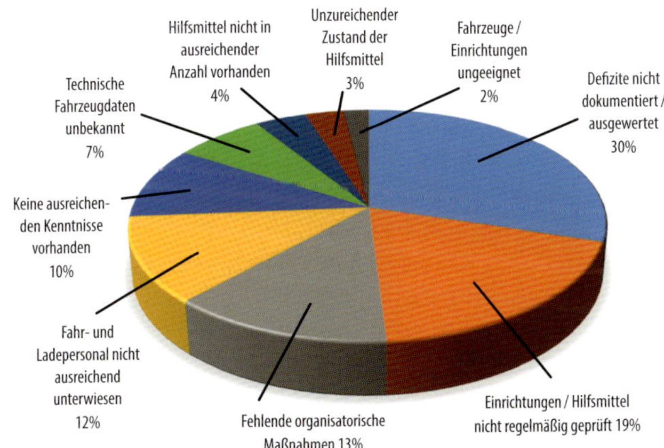

Häufige Mängel bei der Ladungssicherung (Gemeinsame Deutsche Arbeitsschutzstrategie, www.gda-portal.de)

Zurrmittel, Klemmbretter und -stangen sowie Lochschienen mit entsprechendem Zubehör.

Organisatorische Mängel bilden mit immerhin noch 13 Prozent einen weiteren Schwerpunkt. Hierunter fallen insbesondere

- nicht eindeutig festgelegte Verantwortlichkeiten hinsichtlich der Durchführung und Kontrolle von Sicherungsmaßnahmen,
- nicht fachlich begründete Beschaffungsprozesse (sog. „Zufallseinkäufe") und
- fehlende Abfahrtskontrollen der eingesetzten Fahrzeuge.

Manchmal sind auch die erforderlichen Sicherungsmittel nicht in ausreichender Anzahl vorhanden oder die verwendeten Fahrzeuge sind für die jeweilige Transportaufgabe ungeeignet.

Hinweis
Für einen betrieblichen Selbstcheck kann der Fragenkatalog im Anhang dieser Broschüre genutzt werden.

Bemerkenswert sind die fehlenden Kenntnisse im Bereich der Ladungssicherung. Fasst man die Ergebnisse „Fahr- und Ladepersonal nicht ausreichend unterwiesen" (12 %) und „keine ausreichenden Kenntnisse vorhanden" (10 %) zusammen, so kommt man zu dieser Schlussfolgerung: Etwa jeder fünfte Beschäftigte besitzt nicht das erforderliche Wissen, um Ladegüter ordnungsgemäß zu sichern beziehungsweise sichern zu lassen. Auch wenn in den letzten Jahren verstärkt Schulungen durchgeführt wurden, ist diese Zahl immer noch erschreckend groß.

1.3 Qualifikation des Fahr- und Ladepersonals

Um Aufgaben und Tätigkeiten der Ladungssicherung wahrnehmen zu können, sind umfangreiche Kenntnisse und Fertigkeiten erforderlich. Nach den VDI-Richtlinien der Reihe 2700 „Ladungssicherung auf Straßenfahrzeugen" dürfen nur solche Mitarbeiter mit Ladungssicherungsaufgaben beauftragt werden, die

- geistig und körperlich geeignet sind,
- ausreichende Fachkenntnisse besitzen,
- hinsichtlich der Durchführung der Tätigkeiten unterwiesen wurden,
- ihre Befähigung hierzu nachgewiesen haben und
- von denen zu erwarten ist, dass sie die Aufgaben zuverlässig erledigen.

Neben der jährlich vorgeschriebenen Unterweisung sind aufgrund der Empfehlungen des VDI spätestens alle drei Jahre entsprechende Fortbildungen durchzuführen. Grundlage für jegliche Art von Qualifikationsmaßnahmen ist die betriebliche Gefährdungsbeurteilung sowie bestehende Betriebs- und Ladeanweisungen. Die jährliche Unterweisung stellt eine Mindestanforderung dar, wobei die

Schulung der Mitarbeiter bei Bedarf (z. B. bei geänderten Arbeitsverfahren, Transportschäden oder Unfällen) zu wiederholen ist.

Grundsätzlich sollte jede Form der Mitarbeiterqualifikation schriftlich festgehalten werden. Dies dient nicht nur der Rechtssicherheit des Arbeitgebers beziehungsweise der betrieblichen Vorgesetzten, sondern sollte auch als verbindliche Zielvereinbarung zum sicherheitsgerechten Handeln verstanden werden.

Erfahrungen aus der Praxis zeigen, dass gerade im Bereich der Ladungssicherung nicht nur theoretische Kenntnisse, sondern auch praktische Fertigkeiten unverzichtbar sind. Letztgenannte sind regelmäßig zu trainieren, sodass Fehler bei der Sicherung von Waren und Gütern vermieden werden.

> **Praxis-Tipp**
> Eine fachgerechte Ladungssicherung erfordert die regelmäßige Schulung des Fahr- und Ladepersonals. Dabei sollten auch praktische Fertigkeiten trainiert werden!

Das Fahr- und Ladepersonal muss qualifiziert und unterwiesen sein.

2. Verantwortung – Rechtliche Grundlagen

Ladungssicherung geht alle an!

Ladungssicherung ist komplex und daher von einer Person allein gar nicht zu realisieren. Das hat auch der Gesetzgeber erkannt und verschiedene Personengruppen durch Gesetzgebung und Rechtsprechung zur Ladungssicherung verpflichtet.

- ➜ **Unternehmer/Fahrzeughalter:** Verkehrssicheres Fahrzeug bereitstellen; nur Fahrer einsetzen, die geeignet sind; erforderliche, einwandfreie Hilfsmittel zur Ladungssicherung zur Verfügung stellen
- ➜ **Absender:** Verpackung verwenden, die eine ordnungsgemäße Ladungssicherung und Verladung/Befestigung des Gutes ermöglicht
- ➜ **Frachtführer (Spediteur):** Betriebssichere Verladung
- ➜ **Fahrer/Verlader:** Ordnungsgemäße Sicherung der Ladung; Fahrer zudem: Kontrolle der Ladungssicherung auch während des Transportes, Anpassen der Fahrweise an die jeweilige Transportaufgabe

Neben der Bereitstellung eines geeigneten und mit entsprechenden Hilfsmitteln ausgerüsteten Fahrzeuges muss die Ladung also derart gestaltet oder verpackt sein, dass sie ohne Gefahr für Leib und Leben transportiert werden kann. Das Fahr- und Ladepersonal muss vom Unternehmer ebenso sorgsam ausgewählt werden und entsprechend geschult sein, damit die Ladung auch tatsächlich ausreichend und gemäß dem *Stand der Technik* gesichert wird. Außerdem werden durch das Handelsgesetzbuch die Verantwortlichkeiten für den Absender und den Frachtführer geregelt, sofern diese nicht durch einzelvertragliche Regelungen abweichend vereinbart wurden.

Merke
Stand der Technik ist der Entwicklungsstand fortschrittlicher Verfahren oder Betriebsweisen, der die praktische Eignung einer Maßnahme gesichert erscheinen lässt.

Viele Rechtsnormen (internationale, europäische oder nationale Übereinkommen wie Gesetze, Vorschriften und andere Regelwerke) enthalten also Anforderungen und Hinweise zur Ladungssicherung. Gesetze und Verordnungen beinhalten in der Regel jedoch nur abstrakte Schutzziele. Zur Erfüllung dieser Schutzziele werden anerkannte Regeln der Technik angewandt, die einer kontinuierlichen technisch-wissenschaftlichen Überprüfung und Weiterentwicklung unterliegen.

Hinweis
Eine Übersicht der wichtigsten Rechtsnormen zur Ladungssicherung auf Straßenfahrzeugen zeigt das Rechtsquellenverzeichnis auf Seite 71 dieser Broschüre.

Ein grundsätzliches Schutzziel wird in § 22 (1) der Straßenverkehrsordnung (StVO) genannt:

„Die Ladung einschließlich Geräte zur Ladungssicherung sowie Ladeeinrichtungen sind so zu verstauen und zu sichern, dass sie selbst bei Vollbremsung oder plötzlicher Ausweichbewegung nicht verrutschen, umfallen, hin- und herrollen, herabfallen oder vermeidbaren Lärm erzeugen können. Dabei sind die anerkannten Regeln der Technik zu beachten."

Anzumerken ist, dass die Ladungssicherung für verkehrsübliche Situationen ausgelegt werden muss. Der Verkehrsunfall stellt keine verkehrsübliche, sondern eine Ausnahmesituation dar. Auch der zweite Satz des zitierten Paragraphen ist bemerkenswert. *„Bei der Ladungssicherung sind die anerkannten Regeln der Technik zu beachten."* Ein solches Basisregelwerk stellt die VDI-Richtlinie 2700 „Ladungssicherung auf Straßenfahrzeugen" dar, welche durch spezielle Einzelschriften (Beiblätter) ergänzt wird. Während das Grundlagenwerk hier weitgehend berücksichtigt wurde, konnten die Detailregelungen aufgrund ihres beachtlichen Umfangs nur bedingt wiedergegeben werden. Bei Bedarf ist der Leser gehalten, weitergehende Information zu speziellen Aspekten der Ladungssicherung einzuholen.

Die Rechtsfolgen bei der Nichteinhaltung von Rechtsnormen sind für die betroffenen Personenkreise vielfältig. Sie reichen beispielsweise vom Bußgeldverfahren (auch ohne eingetretenen Schaden) bis hin zur strafrechtlichen Verfolgung und gerichtlichen Verurteilung (Geld- und Freiheitsstrafe).

Die VDI-Richtlinie 2700 ff. besitzt den Stellenwert eines normierten Sachverständigen-Gutachtens und wird von den Gerichten zur Rechtsprechung herangezogen.

Merke

Gute Praxis der Ladungssicherung entsteht durch gemeinschaftliches Mitwirken aller beteiligten Personengruppen und das Wahrnehmen der jeweiligen Verantwortung.

3. Physikalische Grundlagen

3.1 Gewichtskraft der Ladung

Jedes Ladegut besitzt eine körpereigene Masse. Diese Masse bezeichnen wir im üblichen Sprachgebrauch als Gewicht. Als Maßeinheit der Masse (Gewicht) kennen wir beispielsweise das Kilogramm (kg) oder die Tonne (t) Aufgrund der Erdbeschleunigung g wird die Ladung auf den Ladeboden gedrückt. Es wirkt eine senkrecht zum Erdmittelpunkt gerichtete Kraft, die Gewichtskraft (F_G).

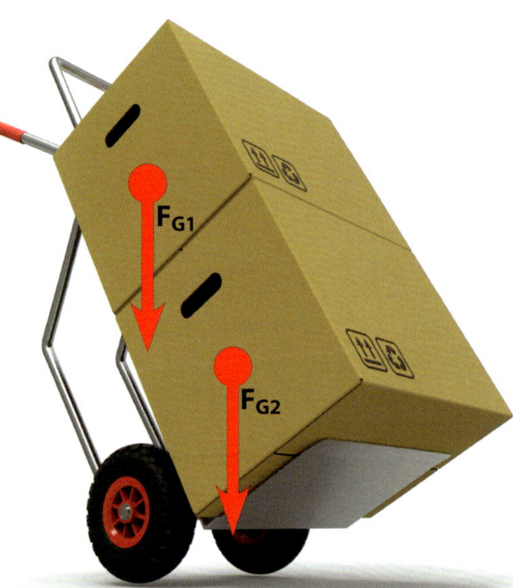

Beispiel für die Gewichtskraft einzelner Ladegüter

Die Gewichtskraft errechnet sich mithilfe folgender Formel:

$$F_G = m \times g$$

F_G = Gewichtskraft (N)
m = Masse (kg)
g = Erdbeschleunigung (m/s^2)

Im Mittel beträgt die Erdbeschleunigung g = 9,81 m/s^2. Aus Gründen der Vereinfachung wird nachfolgend g gleich 10 m/s^2 gesetzt (gerundet).

Beispiel

Ein Ladegut mit der Masse m = 1.000 kg verursacht eine Gewichtskraft von F_G = 1.000 kg x 10 m/s^2, das bedeutet also 10.000 N.

N ist die Einheit einer Kraft und wird nach Sir Isaac Newton (englischer Physiker, 1643 bis 1727) als „Newton" bezeichnet. Eine abgeleitete Maßeinheit von Newton ist das Dekanewton (10 N = 1 daN).

Gibt man das Ergebnis des obigen Beispiels in daN an, so beträgt die Gewichtskraft F_G = 1.000 daN. Im Bereich der Ladungssicherung wird üblicherweise die Maßeinheit Dekanewton (daN) verwendet.

Trägheit der Ladung

3.2 Trägheit der Ladung

Aufgrund von Beobachtungen im Alltag können wir weiterhin feststellen, dass jede Masse das Bestreben hat, in ihrem gegenwärtigen Bewegungszustand zu verbleiben, also träge zu sein. Man nennt diese physikalische Eigenschaft von Körpern daher Trägheit oder auch Massenträgheit. Die Trägheit der Masse trifft übrigens für den Ruhezustand ebenso zu wie für eine gleichmäßige Bewegung. Was passiert nun aber bei einer Vollbremsung oder einer anderen Fahrbewegung? Während das Fahrzeug einer Verzögerung oder Richtungsänderung ausgesetzt ist, verbleibt die mitgeführte Ladung aufgrund ihrer Massenträgheit im ursprünglichen Bewegungszustand. Die Ladung rutscht, stößt gegen die Stirnwand oder fällt gegebenenfalls bei Kurvenfahrt seitwärts abgetrieben von der Ladefläche. Auch das Umkippen der Ladung auf der Ladefläche beruht auf der Massenträgheit.

3.3 Ursache für Ladungsbewegungen

Die Physik lehrt uns, dass für jede Bewegungsänderung eines Körpers eine Kraft erforderlich ist. Bei einer geradlinigen Bewegung errechnet sich diese Kraft nach:

$$F = m \times a$$

F = Kraft (N)
m = Masse (kg)
a = Beschleunigung (m/s^2)

Dabei beschreibt die Beschleunigung a die Bewegung des Fahrzeuges beim Anfahren oder Bremsen (= negative Beschleunigung). Die so berechnete Kraft wird auch als Massenkraft bezeichnet, welche immer zur Fahrbewegung des Fahrzeuges entgegengerichtet wirkt. Der Angriffspunkt der Massenkraft liegt im Schwerpunkt der Ladung, wobei dieser im geometrischen Körpermittelpunkt oder auch außerhalb davon liegen kann. Sofern nicht anders beschrieben, wird nachfolgend immer eine mittige Schwerpunktlage unterstellt.

Bei Kurvenfahrten oder Ausweichmanövern wirkt die Massenkraft als Fliehkraft, welche insbesondere von der Geschwindigkeit des Fahrzeuges beeinflusst wird. Die Berechnung der Fliehkraft erfolgt anhand folgender Formel:

$$F_{Flieh} = m \times \frac{v^2}{r}$$

F_{Flieh} = *Fliehkraft (N)*
m = *Masse (kg)*
v = *(Umfangs-)Geschwindigkeit (m/s)*
r = *Radius (m)*

Beispiel

Ein Fahrzeug transportiert ein Ladegut der Masse m = 1.000 kg. Die Geschwindigkeit des Fahrzeuges beträgt während einer Kurvenfahrt 45 km/h bzw. 12,5 m/s, wobei der Kurvenradius 20 Meter beträgt. Durch Einsetzen der Werte in die obige Formel erhält man:

$$F_{Flieh} = 1.000\ kg \times \frac{(12{,}5\ m/s)^2}{20\ m} = 7.812{,}5\ N$$

In daN ausgedrückt beträgt die Fliehkraft auf das Ladegut 781,25 daN.

Fliehkräfte einer kreisförmigen Bewegung

3.4 Massenkräfte im Fahrbetrieb

Aufgrund von verkehrsüblichen Fahrbewegungen gehen von der Ladung Massenkräfte aus, die durch sogenannte Beschleunigungsbeiwerte f beschrieben werden.

Die nachfolgend genannten Beschleunigungsbeiwerte berücksichtigen die maximalen Massenkräfte im Fahrbetrieb und gelten ausschließlich für standsichere Ladegüter im Straßengüterverkehr.

Die Beschleunigungsbeiwerte betragen

- → nach vorne: f = 0,8 (aus Bremsvorgängen)
- → nach hinten: f = 0,5 (aus Anfahrvorgängen)
- → zur Seite: f = 0,5 (aus Kurvenfahrten)

Mithilfe der folgenden Formel können die Massenkräfte für jede Richtung ermittelt werden.

$$F_M = f \times F_G$$

F_M = *Massenkraft (N)*
f = *Beschleunigungsbeiwert*
F_G = *Gewichtskraft (N)*

Beispiel

Ein Ladegut mit der Masse von m = 1.000 kg bewirkt durch Bremsvorgänge nach vorne eine Massenkraft von F_M = 0,8 x 1.000 kg x 10 m/s²; das bedeutet also 8.000 N oder 800 daN. Bei vergleichbarer Berechnung betragen die Massenkräfte nach hinten und zur Seite 500 daN (Anmerkung: f = 0,5).

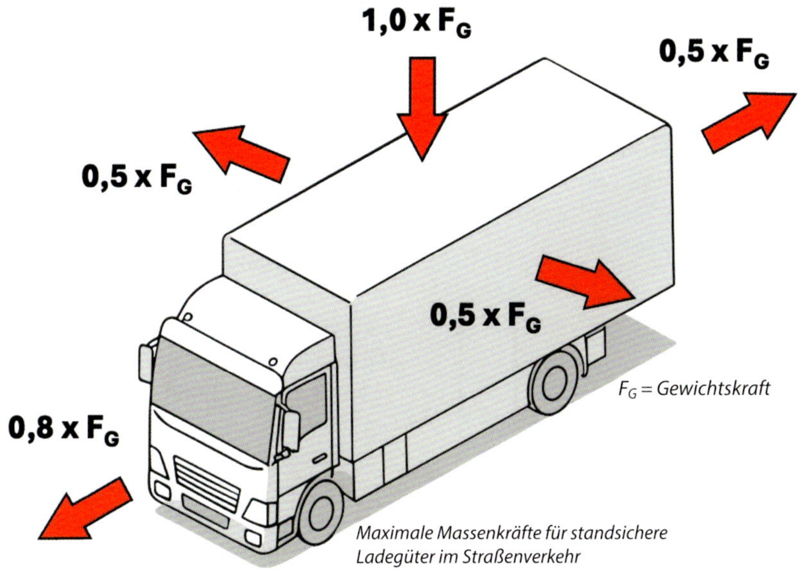

Maximale Massenkräfte für standsichere Ladegüter im Straßenverkehr

3.5 Kippgefährdete Ladegüter

Für kippgefährdete Ladegüter ist die Berechnung zusätzlich mit einem Standsicherheitsbeiwert γ (sprich: gamma) durchzuführen. Der Standsicherheitsbeiwert beträgt $\gamma = 1{,}2$. Hierdurch werden das seitliche Wanken des Fahrzeugaufbaus und mögliche Rückstellbewegungen der Ladung nach hinten berücksichtigt. Die Nickbewegung des Fahrzeuges nach vorne wird nicht weiter berücksichtigt ($\gamma = 1{,}0$), da diese stark von der Fahrzeugspezifikation beeinflusst wird und in der Regel nicht bekannt ist. Somit ergeben sich für kippgefährdete Ladegüter folgende Beschleunigungsbeiwerte:

- ➜ nach vorne: $f_K = 0{,}8 \times 1{,}0 = 0{,}8$ (Nickbewegung nicht berücksichtigt)
- ➜ nach hinten: $f_K = 0{,}5 \times 1{,}2 = 0{,}6$ (Rückstellbewegungen berücksichtigt)
- ➜ zur Seite: $f_K = 0{,}5 \times 1{,}2 = 0{,}6$ (Wanken berücksichtigt)

Ob ein Ladegut kippgefährdet ist oder nicht, hängt von dessen Abmessungen und von der jeweiligen Schwerpunktlage ab. Ein Ladegut ist kippgefährdet, wenn das Abstandsverhältnis $\frac{b_S}{h_S}$ zur Kippkante kleiner ist als der jeweilige Beschleunigungsbeiwert gegen Kippen.

$$\frac{b_S}{h_S} < f_K$$

B = *Breite des Ladegutes (m)*
b_S = *horizontaler Abstand S zu K (m)*
H = *Höhe des Ladegutes (m)*
h_S = *vertikaler Abstand S zu K (m)*
f_K = *Beschleunigungsbeiwert gegen Kippen*

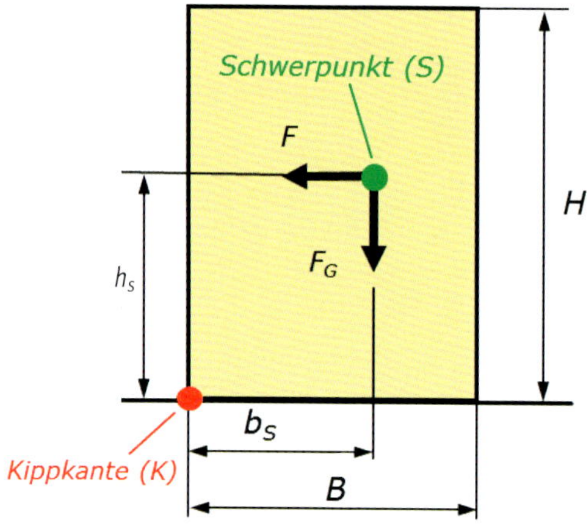

Erläuterung zur Kippgefahr des Ladegutes

Beispiel
Ein Ladegut mit zentraler (d.h. mittiger) Schwerpunktlage soll transportiert werden. Die Höhe (H) des Gutes beträgt 1,4 Meter, die Breite (B) 1,0 Meter. Daraus ergibt sich ein Verhältnis von

$$\frac{b_S}{h_S} = \frac{B}{H} = 0{,}71.$$

Nach vorne ist das Ladegut kippgefährdet, denn 0,71 ist kleiner als 0,8.

Bei einer ersten (vereinfachten) Betrachtung der Ladungssicherung geht man oft von standsicheren Ladegütern aus. Sofern jedoch Kippgefahr besteht, sind zusätzliche Berechnungen und Sicherungsmaßnahmen erforderlich.

3.6 Reibungskraft

Zwischen der Ladung und der Ladefläche wirken Reibungskräfte, die der Ladungsverschiebung entgegenwirken. Bei der Ladungssicherung wird grundsätzlich Gleitreibung unterstellt. Beschrieben wird die Größe der Reibung durch eine Materialkonstante, den Reibbeiwert μ (sprich: mü). Die Gleitreibbeiwerte sind abhängig von der jeweiligen Materialpaarung und den äußeren Zuständen auf der Ladefläche (z. B. nass, ölig oder schmutzig). Sie werden durch Versuche ermittelt und in Normen veröffentlicht. Den stark vereinfachten Aufbau solcher Zugversuche zeigt die Abbildung auf Seite 17 oben.

Eine grobe Orientierung über die Gleitreibbeiwerte ist der Tabelle auf Seite 17 zu entnehmen. Sofern nicht näher bekannt, ist immer der kleinste Tabellenwert anzunehmen. Somit wird eine Unterdimensionierung der Ladungssicherung vermieden.

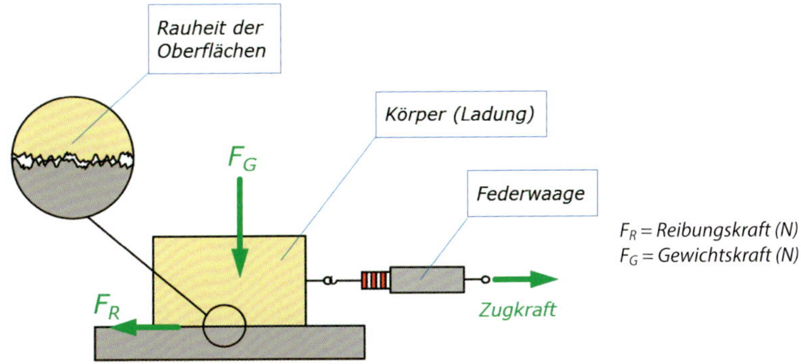

Zugversuch zur Ermittlung von Gleitreibbeiwerten (vereinfachte Darstellung)

Materialpaarung	trocken	nass	ölig, fettig
Holz / Holz	0,20 – 0,50	0,20 – 0,25	0,05 – 0,15
Metall / Holz	0,20 – 0,50	0,20 – 0,25	0,02 – 0,10
Metall / Metall	0,10 – 0,25	0,10 – 0,20	0,01 – 0,10
Beton / Holz	0,30 – 0,60	0,30 – 0,50	0,10 – 0,20
Rutschhemmendes Material	≈ 0,6	≈ 0,6	x

Gleitreibbeiwerte μ

Bei bekanntem Gleitreibbeiwert lässt sich die Reibungskraft F_R anhand der folgenden Formel berechnen:

$$F_R = \mu \times F_G$$

F_R = *Reibungskraft (N)*
μ = *Gleitreibbeiwert*
F_G = *Gewichtskraft (N)*

Beispiel

Ein Ladegut mit einer Masse von $m = 1.000$ kg und einem Gleitreibbeiwert $\mu = 0,3$ (z. B. Holz auf Holz) bewirkt eine Reibungskraft von $F_R = 0,3 \times 1.000$ daN = 300 daN. Diese Kraft wird für das Gleiten der Ladung mindestens benötigt.

3.7 Sicherungskraft

Die Kraft, welche zur Sicherung der Ladung benötigt wird, kann aus der Differenz von Massenkraft und Reibungskraft gebildet werden. Die Differenz wird als erforderliche Sicherungskraft bezeichnet und ist in der nachfolgenden Abbildung grafisch dargestellt. Die Sicherungskraft kann also aufgrund der richtungsabhängigen Massenkräfte je nach betrachteter Ausrichtung verschieden sein. Die erforderliche Sicherungskraft ist in Fahrtrichtung am größten.

Ihre Berechnung erfolgt mithilfe der Formel:

$$F_S = F_M - F_R$$

F_S = Sicherungskraft (N)
F_M = Massenkraft (N)
F_R = Reibungskraft (N)

Wie ersichtlich, muss es ein grundsätzliches Anliegen aller Sicherungsmaßnahmen sein, die Reibungskraft zu erhöhen. Damit kann bei gleicher Massenkraft der Aufwand der Ladungssicherung wesentlich reduziert werden.

Wie die erforderliche Sicherungskraft aufgebracht werden kann, wird in einem späteren Kapitel erläutert.

Merke
Man unterscheidet grundsätzlich zwischen kraft- und formschlüssigen Sicherungsmethoden. Die letztgenannten Methoden sind effektiver als kraftschlüssige und sollten daher möglichst vorrangig angewandt werden.

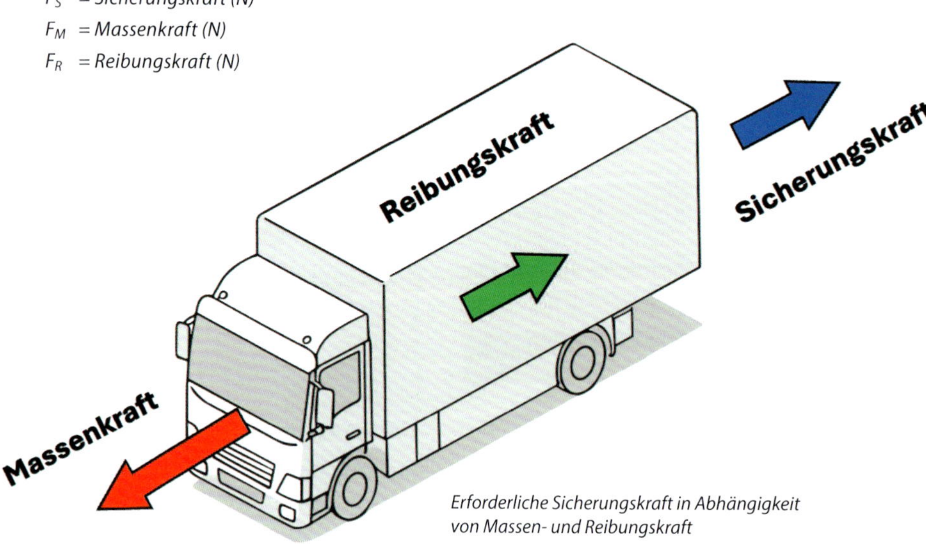

Erforderliche Sicherungskraft in Abhängigkeit von Massen- und Reibungskraft

4. Anforderungen an das Fahrzeug

4.1 Transportfahrzeuge

Zum Transport von Waren und Gütern werden unterschiedliche Fahrzeuge wie Personenkraftwagen (Pkw, Pkw-Kombi), Nutzkraftwagen (Lkw, Sattelzugmaschinen, Kastenwagen) und Anhängefahrzeuge (Starr-Deichselanhänger, Gelenk-Deichselanhänger, Zentralachsanhänger, Sattelanhänger) eingesetzt. Durch Verbinden von Kraftfahrzeugen mit Anhängefahrzeugen entstehen Fahrzeugkombinationen für den Straßengüterverkehr. Häufige Fahrzeugausrüstungen von Nutzkraftwagen sind außerdem

- Plane-Spriegel-Aufbauten,
- geschlossene Kofferfahrzeuge,
- offene Pritschen und
- seitliche Schiebeplanen.

Ungeeigneter Fahrzeugaufbau (Eigenkonstruktion)

Allen Fahrzeugen ist gemein, dass sie für die jeweilige Transportaufgabe geeignet sein müssen. Was so selbstverständlich zu sein scheint, ist im betrieblichen Transportalltag leider nicht immer zutreffend.

Sattelkraftfahrzeug mit offener Pritsche für den Transport von Baustahlmatten

Die folgenden technischen Spezifikationen können für die Auswahl des richtigen Fahrzeuges bedeutsam sein:

- ausreichende Tragfähigkeit der Ladefläche,
- Stabilitäten von Stirnwand, Seitenwänden und Rückwand,
- Zurrpunkte in geeigneter Anzahl und Festigkeit,
- Zurrpunktsysteme entsprechend den zu erwartenden Lasten,
- fahrzeugeigene Einrichtungen zur Ladungssicherung (z. B. Rungen, Coilmulden),
- Sicherung von fahrzeugunabhängigen Einrichtungen und Hilfsmitteln zur Ladungssicherung gegen Verlieren (z. B. Stau- und Materialkästen),
- sicher zu bedienende Zurrwinden an Fahrzeugen.

Merke
Für die Auswahl und Ausrüstung des Fahrzeuges ist der jeweilige Fahrzeughalter (Unternehmer) verantwortlich.

4.2 Aufbaufestigkeiten

Das formschlüssige Laden und Stauen von Ladegütern stellt eine effektive und zugleich wirtschaftliche Ladungssicherung dar. Voraussetzung hierfür ist jedoch, dass der Fahrzeugaufbau ausreichend stabil ist, um die maximalen Massenkräfte im Fahrbetrieb aufnehmen zu können. Für normgerechte Fahrzeugaufbauten mit einer zulässigen Gesamtmasse (zGM) von mehr als 3,5 t können nach DIN EN 12642 die nachfolgend genannten Festigkeiten unterstellt werden.

Standardaufbauten (Code L):

- Stirnwand: 40 % der Nutzlast; max. 5.000 daN
- Seitenwände: 30 % der Nutzlast
- Rückwand: 25 % der Nutzlast; max. 3.100 daN

Zu beachten ist, dass die seitliche Schiebeplane eines Fahrzeuges („Curtainsider") der Bauart Code L keine Sicherungskräfte aufnehmen kann. Die Schiebeplane dient lediglich als Wetterschutz.

Curtainsider mit verstärktem Aufbau hingegen verfügen über besondere Ausrüstungsmerkmale, wie beispielsweise Dachverstrebungen oder -versteifungen, Palettenanschlagleisten, verstärkten Stirnwänden sowie stabilere Rungen und Einstecklatten. Hierdurch ist der Fahrzeugaufbau in der Lage, größere Massenkräfte aufzunehmen. Für diese und andere normgerechte Fahrzeuge der Bauart Code XL gelten die nachfolgend genannten Festigkeiten.

Verstärkte Aufbauten (Code XL):

- Stirnwand: 50 % der Nutzlast
- Seitenwände: 40 % der Nutzlast
- Rückwand: 30 % der Nutzlast

Im übergreifenden Ladungsverkehr werden zur wiederkehrenden Verwendung verschiedene Container

Sattelkraftfahrzeug (Code L) mit seitlichen Schiebeplanen

eingesetzt. Eine besondere Bauform des Containers ist der sogenannte **Wechselbehälter**, der über ausreichende Festigkeiten für den Straßen- und Bahntransport verfügt. Wechselbehälter haben folgende Ausrüstungsmerkmale:

- ausklappbare Stützbeine zum Aufnehmen und Absetzen des Behälters,
- besondere Eckbeschläge zur Befestigung des Behälters auf dem Trägerfahrzeug mittels Drehverschlüssen („Twistlocks").

Hinweis

Definitionsgemäß gelten Container als Ladung, welche vom jeweiligen Ladungsträger (Lkw, Bahn oder Schiff) zum Zwecke des Transportes aufgenommen werden. Da der Container aber wie ein eigenständiger Laderaum betrachtet werden kann, werden hier deren Festigkeiten gemeinsam mit den Fahrzeugaufbauten vorgestellt.

Wechselbehälter sind im Vergleich zu Überseecontainern nicht stapelbar. Ihre Aufbaufestigkeiten müssen der DIN EN 283 entsprechen. Da sie wechselseitig auf dem Trägerfahrzeug befestigt werden können, besitzen Stirn- und Rückseite die gleiche Stabilität (40 % der Nutzlast). Die Seitenfestigkeit eines normgerechten Wechselbehälters beträgt 30 % der Nutzlast.

Um Personen im **Kastenwagen** (Transporter) vor bewegten Ladegütern zu schützen, müssen diese Fahrzeuge mit Trennwänden oder Trenngittern ausgestattet sein. Nach DIN ISO 27956 müssen Trennwände und -gitter je nach Belastungsform 30 % bis 50 % der Nutzlast des Kastenwagens ohne gefährliche Beschädigungen aufnehmen können. Punktförmige Belastungen der Rückhalteeinrichtungen sollten grundsätzlich vermieden werden. Sofern die Aufbaufestigkeit des Kastenwagens nicht bekannt ist, sollte hierzu der jeweilige Fahrzeughersteller befragt werden. Dies gilt insbesondere auch für ältere Fahrzeuge, die nicht nach der derzeit aktuellen ISO-Norm gebaut wurden.

4.3 Zurrpunktfestigkeiten

Werden zur Ladungssicherung Zurrmittel eingesetzt, müssen diese in geeigneter Art und Weise mit dem Fahrzeugaufbau verbunden werden können. Deshalb müssen Straßenfahrzeuge über geeignete Zurrpunkte oder Zurrpunktsysteme verfügen, die hinsichtlich ihrer Anzahl, der Lage sowie deren Stabilität dem jeweiligen Transportauftrag gerecht werden.

Zurrpunktschiene eines Sattelkraftfahrzeuges

Die Festigkeiten von Zurrpunkten an Fahrzeugen werden unter anderem durch die DIN EN 12640 festgelegt. Für Fahrzeuge mit einer zulässigen Gesamtmasse (zGM) bis einschließlich 3,5 t beträgt die Zurrpunktfestigkeit 400 daN. Für Nutzfahrzeuge mit mehr als 3,5 t zulässiger Gesamtmasse gelten folgende Festigkeitswerte:

- ➜ $3{,}5\,t < m \leq 7{,}5\,t$: 800 daN
- ➜ $7{,}5\,t < m \leq 12\,t$: 1.000 daN
- ➜ $m > 12\,t$: 2.000 daN
  (Ausnahme: Zurrpunkte der Stirnwand = 1.000 daN)

Im Kastenwagen (vgl. DIN ISO 27956) betragen die normativen Zurrpunktfestigkeiten:

- ➜ $m \leq 2{,}5\,t$: 300 bis 400 daN
- ➜ $2{,}5\,t < m \leq 5\,t$: 350 bis 500 daN
- ➜ $5\,t < m \leq 7{,}5\,t$: 350 bis 800 daN

Nach DIN ISO 27955 liegen die Festigkeiten der Zurrpunkte im Pkw, Pkw-Kombi und Mehrzweck-Pkw zwischen 300 daN und 350 daN.

Die genannten Festigkeitswerte von Zurrpunkten dürfen nicht überschritten werden. Zudem sind die Zurrpunkte hinsichtlich ihrer Stabilität seitens des Herstellers zu kennzeichnen. Der Fahrzeughalter (z. B. Unternehmer) hat die Kennzeichnungsaufkleber bei Bedarf zu erneuern und das Fahr- und Ladepersonal über die jeweiligen Festigkeitswerte zu informieren.

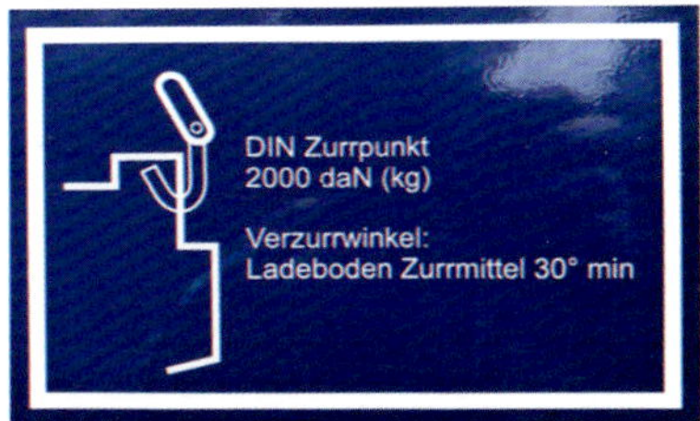

Beispiel einer Zurrpunktkennzeichnung

4.4 Nachrüstung von Zurrpunkten

Die berufsgenossenschaftliche Ausrüstungsverpflichtung für Zurrpunkte gilt nur für Fahrzeuge und Tieflader, die ab dem 1. Oktober 1993 gebaut wurden (vgl. § 22 (1) DGUV Vorschrift 70 „Fahrzeuge“). Wenn die Ladung mithilfe von Zurrmitteln gesichert werden muss, sind je nach Bedarf geeignete Zurrpunkte nachzurüsten.

Nachrüstbare Zurrpunkte sind in unterschiedlichen Varianten auf dem Markt erhältlich.

Sie sollten jedoch nur durch eine Fachwerkstatt und unter Berücksichtigung der Montage- und Gebrauchsanweisung des jeweiligen Herstellers sowie der technischen Spezifikationen des Fahrzeuges nachgerüstet werden. Hinsichtlich Kennzeichnung und Belastung gelten für nachgerüstete Zurrpunkte die gleichen Kriterien wie für die Originalausrüstung.

Praxis-Tipp
Bei Bedarf können Fahrzeuge ohne entsprechende Möglichkeiten zur Befestigung von Zurrmitteln einfach und kostengünstig mit Zurrpunkten nachgerüstet werden!

Zurrpunkte zum Nachrüsten, schweißbar (links) und schraubbar.

5. Beförderungssichere Ladeeinheiten

5.1 Bildung von Ladeeinheiten

Um Waren und Güter problemlos verladen und transportieren zu können, müssen diese zum Schutz vor äußeren Einwirkungen wie beispielsweise

- Druck,
- Stoß,
- Erschütterungen und
- Feuchtigkeit

ordnungsgemäß verpackt oder anderweitig gesichert sein. Die Verantwortung hierfür liegt beim Absender des Gutes. Erst die beförderungssichere Gestaltung der Ladeeinheit, bestehend aus Ware und Ladungsträger, ermöglicht eine optimale Ladungssicherung. Als Ladungsträger kommen häufig Gitterboxpaletten oder Flachpaletten zum Einsatz. Letztgenannte können mit Aufsteckrahmen oder -gittern kombiniert werden, wodurch insbesondere der Transport von Kleinteilen ermöglicht wird.

Gitterboxpalette

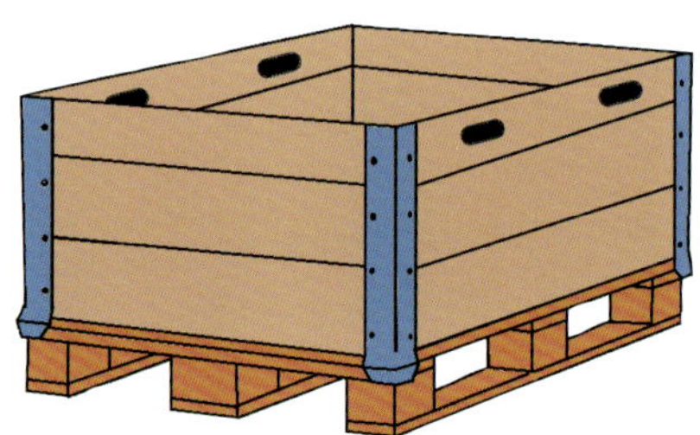

Flachpalette mit Aufsteckrahmen

Die Ladungsträger sind während des Warenumschlags sowie beim Transportvorgang starken Belastungen ausgesetzt. Schadhafte Ladungsträger sind daher keine Seltenheit. Sind Ladungsträger stark beschädigt oder besitzen sie sicherheitsrelevante Mängel, dürfen sie nicht mehr verwendet werden. Häufige auftretende

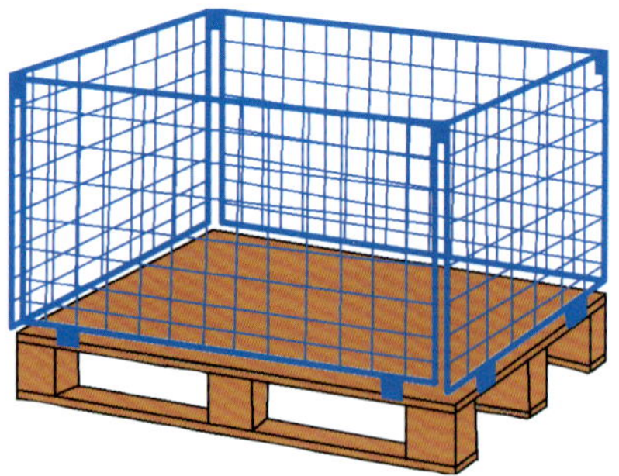

Flachpalette mit Aufsteckgitter

Beschädigungen an Flachpaletten aus Holz sind beispielsweise:

- fehlende oder gebrochene Bretter,
- fehlende oder verdrehte Klötze,
- starke Spalten, Risse von Brettern und Klötzen,
- sonstige Beschädigungen, sodass Nägel frei liegen.

Sofern möglich und wirtschaftlich sinnvoll, sind sie durch fachkundiges Personal zu reparieren. Ansonsten müssen schadhafte Ladungsträger ausgemustert und der weiteren Benutzung entzogen werden.

5.2 Verpackungstechniken

In der betrieblichen Praxis zeigt sich immer wieder, dass die zu transportierende Ware nur unzulänglich mit dem jeweiligen Ladungsträger verbunden ist. Möglichkeiten hierzu gibt es jedoch viele, insbesondere

- das Umreifen,
- das Schrumpfen sowie
- das Stretchen

der Ware.

Achtung: Einzelne Kartons haben keine Verbindung zum Ladungsträger!

Das **Umreifen** der Ware erfolgt mit Umreifungsbändern aus Stahl oder Kunststoff. Während Stahlbänder für das Umreifen von schweren Ladegütern zum Einsatz kommen, werden Kunststoffbänder für die Sicherung von leichten bis mittelschweren Gütern verwendet. Auch einteilige textile Zurrgurte können zum Umreifen von einzelnen Ladegütern verwendet werden. Für die Herstellung der Bandverschlüsse aus Stahl oder Kunststoff sind spezielle Werkzeuge oder stationäre Maschinen erforderlich. Einige beispielhafte Anwendungen des Umreifens von Gütern zur Ladeeinheitenbildung zeigen die nachfolgenden Grafiken.

Stahlbänder für schwere Güter

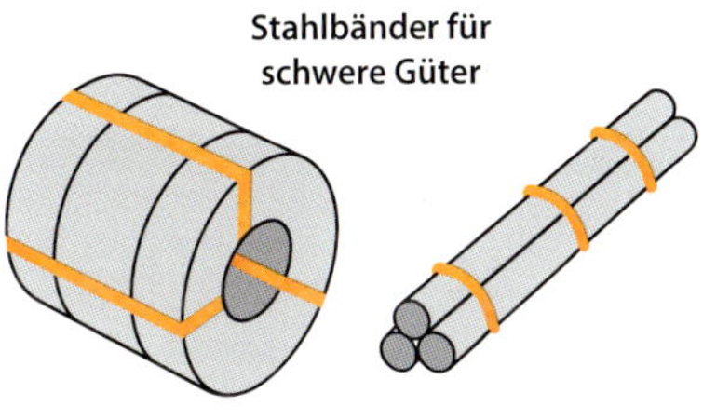

Umschließen von Coils, Bunden und Ringen — *Bündeln von Langmaterial*

Kunststoffbänder für leichte bis mittelschwere Güter

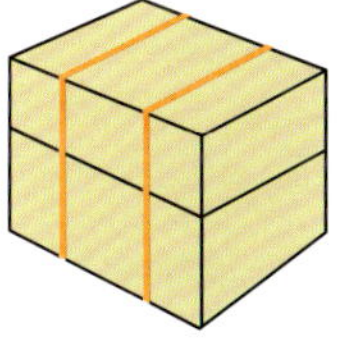

Verstärken, Verschließen von Kisten, Kartons etc.

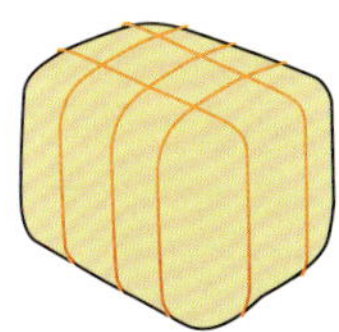

Umspannen (Ballenumreifung)

Beim Öffnen von Stahlbändern besteht Verletzungsgefahr durch plötzlich aufspringendes scharfes Umreifungsmaterial. Hier sind besondere Arbeitsschutzmaßnahmen zu berücksichtigen (z. B. das Tragen von Handschuhen und einer Schutzbrille).

Vorsicht beim Umgang mit Umreifungsbändern aus Stahl. Es besteht Verletzungsgefahr. Mitarbeiter müssen geeignete persönliche Schutzausrüstung tragen.

Beim **Schrumpfen** wird die Ware mit einer schrumpffähigen Folie umhüllt und danach kurzzeitig auf maximal 130° Celsius erwärmt. Ihre Sicherungsfunktion erhält die Folienhülle dadurch, dass sie die Ware nach dem Abkühlen konturnah umschließt. Die Folie übt auf die Ware kaum Kräfte aus, bei äußerer Belastung dient sie jedoch der Stabilisierung des Ladegutes. Die Erwärmung der Folie erfolgt mit handgeführten Schrumpfgeräten (z. B. bei kleinen Stückzahlen) oder mithilfe von speziellen Verpackungsmaschinen wie Schrumpfrahmen oder Schrumpföfen. Bei wärmeempfindlichen Waren und Gütern ist das Schrumpfen nicht geeignet, Gleiches gilt für den Einsatz in Arbeitsbereichen mit besonderen Brandlasten. Einsetzbar ist das Schrumpfen im Gegensatz dazu aber beim Zusammenfassen einzelner

Eingeschrumpfte Ladeeinheit

Waren mit unterschiedlichen oder ungleichmäßigen Abmessungen.

Das **Stretchen** erfolgt durch mehrfaches Umwickeln der Ware mit einer gedehnten dünnen Folie. Die Linienführung der Folie verläuft horizontal oder spiralförmig. Das Folienmaterial besteht meistens aus Rollenware in Breiten von 400 bis 600 Millimeter. Der Wickelvorgang erfolgt entweder manuell oder maschinell mit Dreharmwicklern oder Ringläufern. Das manuelle Stretchen mithilfe von Handabrollern ist nur bei geringen Stückzahlen wirtschaftlich sinnvoll. Die Qualität des Stretchverfahrens ist abhängig von dem jeweiligen Wickelschema, der Anzahl der Fuß- und Kopfwicklungen sowie dem Überlappungsgrad der Folie. Zum Stretchen sollten die einzelnen Waren möglichst identische Abmessungen besitzen.

Merke

Beim Stretchen (wie auch beim Schrumpfen) ist darauf zu achten, dass Flachpalette und Ware eine in sich geschlossene Ladeeinheit bilden.

5.3 Eigenschaften des Ladegutes

Ladegüter besitzen unterschiedliche, das heißt produktspezifische Eigenschaften. Um Transportschäden und Unfälle während des Umgangs mit Arbeitsmitteln wie Kranen, Gabelstaplern, Handhubwagen oder auch bei

Gestretchte Ladeeinheit

der manuellen Lastenhandhabung zu vermeiden, sollten bei der Gestaltung des Ladegutes nachfolgende Aspekte berücksichtigt werden:

- mindestens eine ebene Aufstandsfläche,
- ausreichende Standsicherheit, keine Kippgefahr,
- Unterfahrbarkeit der Ware mit Flurförderzeugen, Handhubwagen etc.,
- Kranbarkeit der Ware durch definierte Anschlagpunkte,
- stabile, gegenüberliegende Seitenflächen zum Klemmen und Heben,
- ausreichende Druckstabilität zur Aufnahme von Zurrkräften.

Nach DIN EN ISO 780 sind Ladegüter beziehungsweise Packstücke zum Ziele einer sicheren Handhabung und Lagerung bei Bedarf durch Bildzeichen zu kennzeichnen. Bildzeichen gibt es zum Beispiel für große, mittelschwere und leichte Güter, für die mechanische Handhabung, zum Schutz vor äußeren Einflüssen sowie zur Stapelbarkeit einzelner Ladegüter.

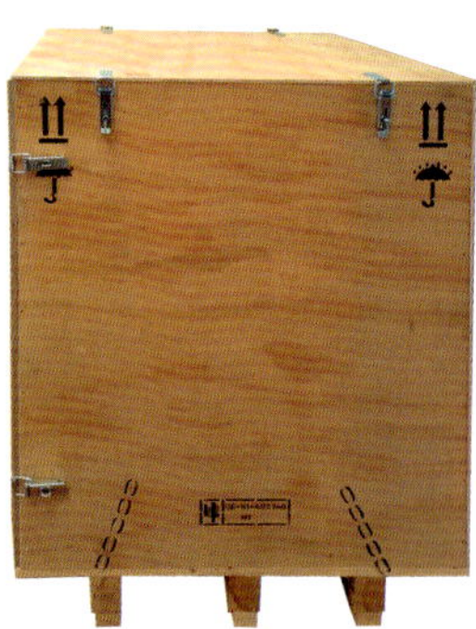

Ladegut mit Bildzeichen zum sicheren Warenumschlag und Transport

Praxis-Tipp

Eine Übersicht der normgerechten Bildzeichen zeigt Anhang 4 dieser Broschüre.

Das Anbringen der Bildzeichen liegt im Verantwortungsbereich des Absenders, da dieser die sogenannte Warenkunde besitzt. Für alle Bildzeichen gilt, dass diese gut erkennbar und sofern erforderlich, an mehreren Seiten der Ware angebracht werden müssen. Zudem sind die Bildzeichen nur anzubringen, wenn es aus den genannten Gründen zwingend erforderlich ist.

5.4 Transport gefährlicher Güter

Nach dem Gefahrgutbeförderungsgesetz (GGBefG) sind gefährliche Güter *„Stoffe und Gegenstände, von denen aufgrund ihrer Natur, ihrer Eigenschaften oder ihres Zustandes im Zusammenhang mit der Beförderung Gefahren für die öffentliche Sicherheit oder Ordnung, insbesondere für die Allgemeinheit, für wichtige Gemeingüter, für Leben und Gesundheit von Menschen sowie für Tiere und Sachen ausgehen können."*

Der Begriff „Beförderung" ist weit gefasst und beinhaltet das Verpacken und Beladen, die Übernahme des Gutes, die Ortsveränderung, die Ablieferung des Gutes sowie das Entladen und Entpacken. Zeitweilige Aufenthalte sind ebenfalls Bestandteil der Beförderung des Gutes.

Beim Transport von Gefahrgütern gelten weiterreichende, in der Regel schärfere, gesetzliche Auflagen. Der Grund hierfür ist offensichtlich: Gefahrgüter besitzen gegenüber „Nicht-Gefahrgütern" ein erhöhtes Gefährdungspotential. Gefahrgüter werden aufgrund ihrer individuellen Eigenschaften in international anerkannte Gefahrgutklassen eingeteilt. Hierzu gehören

- explosive Stoffe und Gegenstände mit Explosivstoff,
- Gase,
- entzündbare Flüssigkeiten,
- entzündbare feste Stoffe,
- entzündend (oxidierend) wirkende Stoffe und organische Produkte,
- giftige und ansteckungsgefährliche Stoffe,
- radioaktive Stoffe,
- ätzende Stoffe,
- verschiedene gefährliche Stoffe und Gegenstände.

Zur Identifizierung von Gefahrgütern ist jedem einzelnen eine weltweit gültige vierstellige Zahl, die sogenannte UN-Nummer („United-Nation-Number") zugeordnet. Entsprechend der Gefahrklasse werden Versandstücke mit Gefahrzetteln gekennzeichnet.

Praxis-Tipp
Eine Übersicht der Kennzeichnung von Gefahrgütern finden Sie im Anhang 5.

Für die Beförderung von Gefahrgütern gelten umfangreiche rechtliche Schutzmaßnahmen und Bestimmungen. Hierzu gehören insbesondere:

- Verwendung von bauartgeprüften Verpackungen,
- korrekte Kennzeichnung der Versandstücke,
- Mitführen umfangreicher Begleitpapiere,
- Kennzeichnung des Fahrzeuges mit Warntafeln,
- Ausrüstung des Fahrzeuges mit Feuerlöschern, Schutzausrüstungen und sonstigen Ausrüstungsgegenständen,
- Ausrüstung des Fahrzeuges mit Vorrichtungen zur Ladungssicherung,
- Ausbildung und Bestellung eines Gefahrgutbeauftragten.

Durch die Wahrnehmung von Sonderregelungen können Erleichterungen vom Gefahrgutrecht in Anspruch genommen werden. Zu den Sonderregelungen gehören zum Beispiel die Beförderung von Kleinstmengen, freigestellte oder begrenzte Mengen sowie die sogenannte „1.000-Punkte-Regelung" (siehe Anhang 6).

Beispielhafte Kennzeichnung gefährlicher Güter (hier: selbstentzündlicher Stoff, Gefahrklasse 4.2)

6. Beladung von Fahrzeugen

6.1 Grundregeln

Unfälle entstehen nicht nur wegen mangelhafter Ladungssicherung. Auch beim Ladevorgang sind Mitarbeiter besonderen Gefährdungen ausgesetzt. Häufig ereignen sich Arbeitsunfälle

- beim Rangieren,
- beim Rückwärtsfahren oder
- durch das Wegrollen von Fahrzeugen.

Auch Personenstürze auf oder von der Ladefläche sind typische Unfallbeispiele. Darüber hinaus besteht die Gefahr, dass das Fahr- und Ladepersonal durch Gabelstapler, Handhubwagen und andere Ladehilfsmittel getroffen oder verletzt wird. Nicht selten werden Mitarbeiter durch herabfallende oder umkippende Ladegüter verletzt.

Kein Aufenthalt von Personen im Bereich von Gabelstaplern oder Kranen. Ladebereich ist gleich Gefahrbereich!

Da beim Ladevorgang häufig Mitarbeiter verschiedener Betriebe zusammentreffen, haben sich diese vor Beginn der Tätigkeiten über eine sichere Arbeitsmethode zu verständigen. Der Aufenthalt von Personen in Gefahrbereichen von Fahrzeugen, Gabelstaplern und dergleichen ist unzulässig.

Vor jeder Beladung sollte der Zustand des Fahrzeuges kontrolliert werden. Dies trifft vor allem für das Ladepersonal zu, welches Fremdfahrzeuge belädt. Bei diesen Fahrzeugen ist der technische Zustand oft nicht bekannt und der Ladevorgang bedarf deshalb einer besonderen Aufmerksamkeit.

Sollten sicherheitsrelevante Schäden erkennbar sein, darf das Fahrzeug nicht beladen werden. Sofern möglich, ist der unsichere Zustand zu beheben

Defekte Rungentasche an einem Lkw-Aufbau

oder es muss ein geeignetes Ersatzfahrzeug zur Verfügung gestellt werden. Die Mitarbeiter sind verpflichtet, dem Vorgesetzten die festgestellten Schäden unverzüglich mitzuteilen. Es obliegt dann dem Vorgesetzten, über die weitere Vorgehensweise zu entscheiden.

Praxis-Tipp

Vor der Beladung muss der Laderaum sauber sein. Mithilfe eines Besens lässt sich der Ladeboden einfach und schnell reinigen, wodurch die Reibungsverhältnisse verbessert werden!

Defekte Ladegüter beziehungsweise Ladungsträger nicht zum Transport frei geben. Sie können nicht ordentlich gesichert werden und stellen eine Verletzungsgefahr dar.

6.2 Einsatz von Ladehölzern

Bei der Verladung und Sicherung von Gütern auf Fahrzeugen kann die Verwendung von Ladehölzern sinnvoll sein. Ladehölzer sorgen beispielsweise für die Unterfahrbarkeit der Ware und ermöglichen somit den Einsatz von Flurförderzeugen. Ladehölzer und spezielle Holzgestelle können den Ladevorgang wesentlich vereinfachen und tragen auch zur Kostenreduzierung bei.

Verschmutzte Ladefläche stets vor der Beladung reinigen.

Ladehölzer dürfen keine Beschädigungen aufweisen. Außerdem sollten sie einen Rechteckquerschnitt besitzen, wobei die lange Schenkelseite horizontal auf der Ladefläche aufliegen muss, um ein Rollen zu verhindern. Sie sollten mindestens 50 mm stark sein.

Ladehölzer mit Antirutschmatten vereinfachen die Ladungssicherung.

Besonders sinnvoll ist die Befestigung von Antirutschmatten (ARM) auf ihrer Ober- und Unterseite. Derart vorgefertigte Ladehölzer reduzieren das Unfallrisiko, da sich kein Mitarbeiter während des Ladevorgangs im Gefahrbereich von Maschinen aufhalten muss. Sind Ladegestelle oder -hölzer erst einmal ausgelegt, entfällt das riskante Positionieren der Antirutschmatten.

6.3 Richtige Lastverteilung

Zum sicheren Betrieb eines Fahrzeuges gehört unbedingt auch die richtige Lastverteilung.

Die unsachgemäße Verteilung einzelner Ladegüter kann das Fahrverhalten nachhaltig beeinträchtigen und gefährdet somit den Fahrer und Dritte.

Lastverteilungsplan (Beispiel)

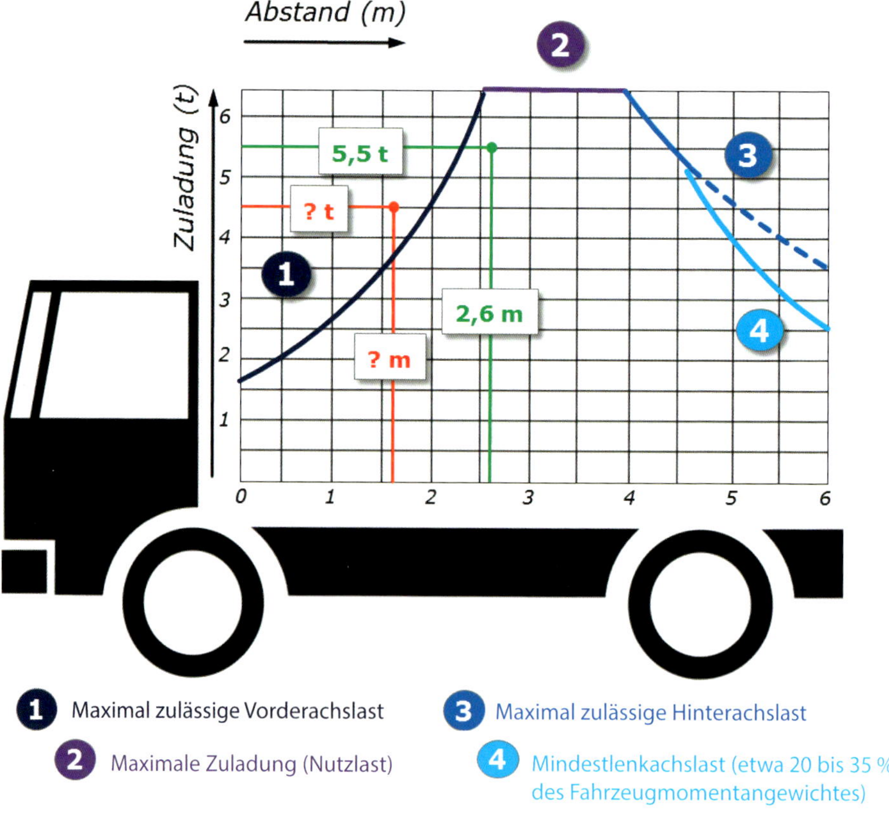

1 Maximal zulässige Vorderachslast

2 Maximale Zuladung (Nutzlast)

3 Maximal zulässige Hinterachslast

4 Mindestlenkachslast (etwa 20 bis 35 % des Fahrzeugmomentangewichtes)

Lastverteilungspläne können beim Laden helfen, die Nutzlast des Fahrzeuges sowie die maximal zulässigen Vorder- und Hinterachslasten einzuhalten. Zudem darf die Vorderachse nicht übermäßig entlastet werden, da ansonsten die Brems- und Lenkeigenschaften des Fahrzeuges nicht mehr ausreichend sind. Die Vorderachslast sollte je nach Fahrzeugtyp etwa 20 % bis 35 % des Fahrzeugmomentangewichtes betragen.

Lastverteilungspläne sind nicht allgemeingültig. Sie müssen jeweils individuell für das betreffende Fahrzeug erstellt werden. Der Fahrzeughalter sollte daher beim Kauf eines Neufahrzeuges den Hersteller beziehungsweise Aufbauer dazu anhalten, den zum bestellten Fahrzeug zugehörigen Lastverteilungsplan mitzuliefern. Leider ist diese Vorgehensweise in der Praxis noch nicht zur Routine geworden. Für Altfahrzeuge können Lastverteilungspläne mithilfe von geeigneten Softwareanwendungen erstellt werden, wobei dies einige Fachkenntnisse des Anwenders erfordert.

Praxis-Tipp

Lastverteilungspläne helfen dem Fahr- und Ladepersonal bei der Beladung des Fahrzeuges. Anhand moderner Software-Anwendungen können Lastverteilungspläne für jedes beliebige Fahrzeug individuell erstellt werden.

6.4 Gesamtschwerpunkt der Ladung

Für die Anwendung eines Lastverteilungsplanes muss die Lage des Gesamtschwerpunktes der Ladung bekannt sein. Bei großen Einzellasten mit bekanntem Schwerpunkt kann die richtige Ladeposition mittels Lastverteilungsplan einfach und schnell ermittelt werden. Üblicherweise besteht ein Transport aber aus mehreren Einzelgütern, sodass der Gesamtschwerpunkt zunächst rechnerisch ermittelt werden muss.

Transport von drei Einzelgütern – Gesamtschwerpunkt unbekannt!

Für die Ermittlung der Lage des Gesamtschwerpunktes steht folgende Formel zu Verfügung:

$$l_{ges} = \frac{l_1 \times m_1 + l_2 \times m_2 + l_3 \times m_3 + \ldots}{m_1 + m_2 + m_3 + \ldots}$$

l_{ges} = *Abstand des Gesamtschwerpunktes (m)*
$l_{1,2,3}$ = *Abstände der Einzelgüter (m)*
$m_{1,2,3}$ = *Masse der Einzelgüter (kg, t)*

Zum besseren Verständnis für die Ermittlung der Lage des Gesamtschwerpunktes soll folgendes Beispiel dienen:

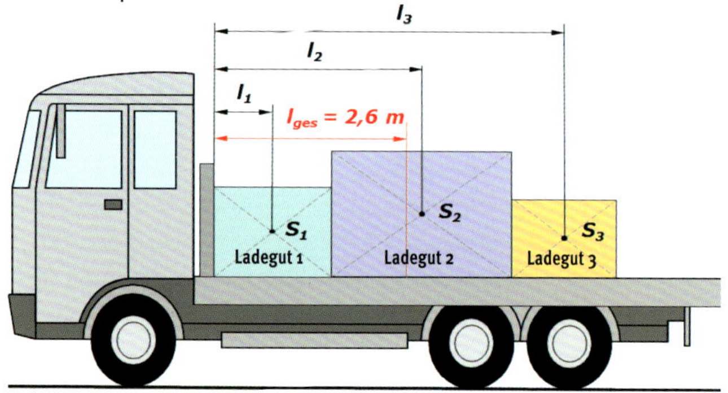

Ladegut	Masse (t)	Abstände (m)
1	1,5 t	l_1 = 0,8 m
2	3,0 t	l_2 = 2,8 m
3	1,0 t	l_3 = 4,7 m
gesamt	5,5 t	l_{ges} = 2,6 m

Setzt man die Werte aus vorstehender Tabelle in die Formel ein, so erhält man:

$$l_{ges} = \frac{(0{,}8 \times 1{,}5) + (2{,}8 \times 3{,}0) + (4{,}7 \times 1{,}0)}{(1{,}5 + 3{,}0 + 1{,}0)} \text{ m}$$

$$l_{ges} = \frac{1{,}2 + 8{,}4 + 4{,}7}{5{,}5} = 2{,}6 \text{ m}$$

Der Abstand des Gesamtschwerpunktes der Ladegüter 1 bis 3 liegt also 2,6 Meter von der Stirnwand des Fahrzeuges entfernt. Die Gesamtmasse beträgt 5,5 Tonnen.

Überträgt man beide Werte in den Lastverteilungsplan (siehe Abbildung auf Seite 32), so ergibt sich ein Schnittpunkt unterhalb des dargestellten Kurvenverlaufs (Abschnitt 2). Die Lastverteilung erfolgte also unter Berücksichtigung der technischen Grenzbedingungen. Bei Positionierung des Gesamtschwerpunktes oberhalb des Kurvenverlaufs wäre die Betriebssicherheit nicht mehr gegeben und die entsprechende Stauvariante somit unzulässig.

Positiv beeinflusst werden kann die Lastverteilung durch die Veränderung der Ladefolge sowie durch das Abrücken der Ladegüter von der Stirnwand. Bei letztgenannter Möglichkeit geht jedoch der Formschluss zur Stirnwand verloren, sodass zusätzliche Sicherungsmaßnahmen notwendig werden.

Merke

Stauvarianten zur Berücksichtigung einer ordnungsgemäßen Lastverteilung können der eigentlichen Ladungssicherung entgegenstehen. Dann muss beispielsweise ein fehlender Formschluss nach vorne durch andere Sicherungsmaßnahmen ausgeglichen werden.

7. Arten der Ladungssicherung

7.1 Formschlüssiges Laden und Stauen

Ladung kann auf Straßenfahrzeugen durch form- und/oder kraftschlüssige Sicherungsmethoden gesichert werden. Formschlüssig bedeutet, dass die Ladegüter unmittelbar an die Laderaumbegrenzungen oder Einrichtungen des Fahrzeuges herangeladen werden. Ladelücken sind nicht zulässig. Zudem müssen Stirnwand, Rückwand und die Seitenwände ausreichend stabil sein, um die im Fahrbetrieb von der Ladung ausgehenden Massenkräfte sicher aufnehmen zu können. Reicht die Festigkeit des Fahrzeugaufbaus nicht aus, um die zu erwartende Massenkraft zu kompensieren oder kann der Formschluss nicht in alle Richtungen realisiert werden, sind zusätzliche Sicherungsmaßnahmen erforderlich.

Das formschlüssige Laden und Stauen stellt eine äußerst effektive und wirtschaftliche Sicherungsmethode dar. Voraussetzung für das formschlüssige Laden und Stauen ist jedoch, dass die Abmessungen der Ladegüter dem Laderaum entsprechen. Oft wird der Formschluss nach vorne gesucht, wobei durch genormte Abmessungen der Ladungsträger auch ein seitlicher Formschluss in der Regel leicht möglich ist. Zur rückwärtigen Sicherung der Ladung kann der Formschluss seltener realisiert werden.

> **Merke**
> Soll der Fahrzeugaufbau zur Ladungssicherung genutzt werden, dürfen keine Ladelücken vorhanden sein!

Beispiel einer formschlüssigen Ladungssicherung.

7.2 Festlegen der Ladung mit Hilfsmitteln

Ebenfalls eine formschlüssige Sicherungsmethode ist das Festlegen der Ladung mit Hilfsmitteln. Hierbei wird die Ladung mit fahrzeugeigenen oder anderen Hilfsmitteln auf der Ladefläche blockiert und gehalten. Fahrzeugeigene Blockiereinrichtungen sind beispielsweise Rungen, Keile oder Klötze, über deren Stabilität der Fahrzeughersteller grundsätzlich Auskunft geben muss. Nur so kann eine qualitative Berechnung der Ladungssicherung erfolgen.

Festlegen der Ladung, hier Steckrungen mit Abstützung

Sofern der Ladeboden nagelfähig ist, kann die Ladung auch mit Keilen oder Festlegehölzern gesichert werden. Das Nageln von Keilen und Hölzern auf der Ladefläche setzt besondere Kenntnisse der Ladungssicherung voraus, wobei insbesondere die Keilgeometrie, die Auswahl und Abmessungen der Hölzer sowie die Ausführung der Vernagelung (zum Beispiel Anzahl und Eindringtiefe der Nägel) beachtet werden müssen.

Da Ladeflächen aus Siebdruckplatten nicht nagelfähig sind, hat die Ladungssicherung durch Vernageln von Holzelementen auf der Ladefläche in der Vergangenheit an Bedeutung verloren. Relevant sind die Kenntnisse jedoch weiterhin für die Gestaltung von Ladegestellen und -hölzern.

7.3 Niederzurren

Das Niederzurren ist eine kraftschlüssige und weit verbreitete Sicherungsmethode. Weit verbreitet deshalb, weil keine Befestigungsmöglichkeiten für die eingesetzten Zurrmittel am Ladegut vorhanden sein müssen. Das Niederzurren beruht auf der Erhöhung der Reibungskraft zwischen Ladung und Ladefläche. Dies wird durch das Überspannen meist mehrerer Zurrmittel erreicht, wobei die Vorspannkräfte der Zurrmittel genutzt werden, um die Ladung auf die Ladefläche zu pressen.

Niederzurren

Bei geringer Reibung zwischen Ladung und Ladefläche ist das Niederzurren kaum wirksam. Auch werden bei mittelschweren bis schweren Ladungen derart viele Zurrmittel benötigt, dass eine praktische Umsetzung nicht wirtschaftlich oder sogar unmöglich ist.

Zu beachten ist außerdem, dass die durch die Zurrmittel aufgebrachten Vorspannkräfte vom Ladegut selbst aufgenommen werden müssen. Nicht druckstabile Ladeeinheiten oder komprimierbare Ladegüter sind daher für das Niederzurren grundsätzlich nicht geeignet.

Die weite Verbreitung des Niederzurrens hat bei leichten Ladegütern oder bei der Kombination von Sicherungsverfahren aber durchaus seine Berechtigung. Zu beachten ist zudem, dass zur Sicherung einer freistehenden Ladeeinheit mindestens zwei Zurrmittel zu verwenden sind, um Drehbewegungen auf der Ladefläche zu verhindern.

Merke
Instabile oder komprimierbare Ladegüter sind für das Niederzurren nicht geeignet.

7.4 Diagonalzurren

Beim Diagonalzurren wird das Ladegut mit Zurrmitteln am Fahrzeugaufbau befestigt und durch Festhalten gegen Bewegungen gesichert. Das Diagonalzurren ist eine formschlüssige Sicherungsmethode und äußerst wirksam, da die eingesetzten Zurrmittel über große Zugkräfte verfügen. Daher eignet sich das Diagonalzurren auch für mittelschwere bis schwere Ladegüter. Üblicherweise werden zwei Zurrmittelpaare eingesetzt, wobei die Zurrmittel nur leicht vorgespannt werden. Verschiedene Möglichkeiten des Diagonalzurrens zeigen die folgenden Abbildungen:

Im Großraum- und Schwerlastbereich werden aufgrund der großen Massenkräfte gegebenenfalls weitere Zurrmittel eingesetzt.

Nachteilig ist, dass das Diagonalzurren Befestigungspunkte am Ladegut voraussetzt. Zudem ist die Zurrpunktfestigkeit besonders zu berücksichtigen, da diese bei den oftmals hohen Haltekräften schnell überschritten werden kann.

> **Merke**
> Das Diagonalzurren ist in verschiedenen Varianten möglich und stellt eine äußerst sichere Form der Ladungssicherung dar.

Arten des Diagonalzurrens

Zurrmittel nicht kreuzend

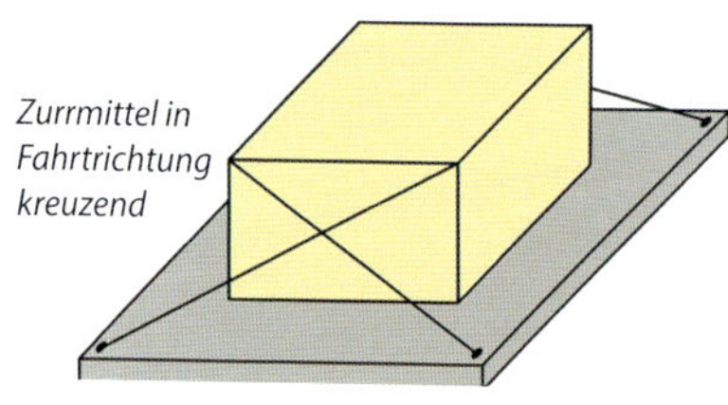

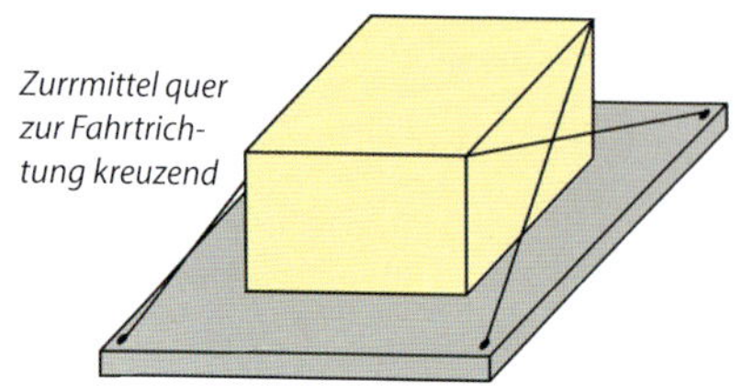

Diagonalzurren einer Baumaschine

7.5 Kopfschlingenzurren

Auch das Kopfschlingenzurren ist ein Direktzurrverfahren und somit eine formschlüssige Sicherungsmethode. Grundsätzlich gilt das Gleiche, wie für das Diagonalzurren beschrieben wurde.

Während das Diagonalzurren je nach Auswahl der Zurrwinkel in alle Richtungen wirksam ist, wirkt das Kopfschlingenzurren hauptsächlich in Fahrzeuglängsrichtung. Da in Fahrtrichtung die größten Massenkräfte auftreten, ist dies auch die bevorzugte Ausrichtung. Aber auch zur rückwärtigen Sicherung der Ladung kann es eingesetzt werden.

Der Vorteil des Kopfschlingenzurrens gegenüber dem Diagonalzurren ist, dass keine Befestigungspunkte für die Zurrmittel am Ladegut vorhanden sein müssen. Durch den Einsatz einer Rundschlinge wird die Befestigung eines Zurrmittelpaares ermöglicht und so die gewünschte Sicherung erreicht. Ersatzweise können für die Rundschlinge auch Kranzketten, Leerpaletten oder speziell angefertigte Metallschienen zur Positionierung beziehungsweise Befestigung der Zurrmittel eingesetzt werden.

> **Merke**
> Das Kopfschlingenzurren lässt sich in idealer Weise mit anderen Sicherungsverfahren kombinieren.

7.6 Umreifungszurren

Dem Umreifungszurren liegen die gleichen Sicherungsprinzipien wie beim Kopfschlingenzurren zu Grunde. Jedoch wird das Umreifungszurren zur Sicherung von Langmaterialien quer zur Fahrtrichtung eingesetzt.

Kopfschlingenzurren einer eingehausten Maschine

Sicherung von Langmaterial (Stahl) durch Umreifungszurren

Das Umreifungszurren benötigt keine Hilfsmittel wie Rundschlingen und dergleichen, jedoch muss das Ladegut unterfahrbar sein, damit mindestens drei Zurrmittel unter der Ladung hindurch und oberhalb derselben wieder zurückgeführt werden können. Auch das Umreifungszurren ist ein Direktzurrverfahren und wirkt somit formschlüssig, da die Ladung durch Festhalten gegen Bewegung gesichert wird.

7.7 Kombinierte Sicherungsmethoden

In der Praxis ist es sinnvoll, die hier vorgestellten kraft- und formschlüssigen Sicherungsmethoden miteinander zu kombinieren. Oft wird zum Beispiel ein lückenloses Heranladen der Ladung an die Stirnwand mit dem Niederzurren kombiniert. Das Niederzurren wirkt in alle Bewegungsrichtungen und übernimmt dann die Sicherung zu den Seiten sowie zur entgegengesetzten Fahrtrichtung. Auch andere Sicherungskombinationen sind denkbar, werden hier jedoch nicht weiter beschrieben.

Kombinierte Ladungssicherung durch Steckrungen und Zurrgurte

8. Zurrmittel

8.1 Bestimmungsgemäße Verwendung

Zurrmittel zur Ladungssicherung müssen den Bau- und Ausrüstungsbestimmungen der DIN EN 12195 Teile 2 bis 4 entsprechen. Zu den auf Straßenfahrzeugen eingesetzten Zurrmitteln zählen Gurte, Ketten und Drahtseile. Andere Verbindungsmittel sind nicht zulässig.

Für jedes Zurrmittel hat der Hersteller eine Bedienungsanleitung in deutscher Sprache mitzuliefern, welche den Anwender über die bestimmungsgemäße Verwendung des Zurrmittels informiert.

Demnach ist es nicht zulässig, Zurrmittel

- → zu überlasten,
- → zu knoten,
- → zu quetschen,
- → mit Lasten oder Fahrzeugen zu überrollen/zu überfahren sowie
- → über scharfe Kanten zu ziehen.

Eine scharfe Kante liegt dann vor, wenn der Kantenradius des Ladegutes kleiner als die Dicke des Gurtes beziehungsweise kleiner als der Durchmesser des Zurrmittels (Kette, Drahtseil) ist.

Merke
Sofern scharfe Kanten nicht zu vermeiden sind, ist das Zurrmittel durch Kantenschutzwinkel oder Ähnliches vor Beschädigungen zu schützen.

Dem Anwender muss die bestimmungsgemäße Verwendung des Zurrmittels bekannt sein. Hierzu gehört auch, dass Zurrmittel nicht zum Heben von Lasten, wie im Kranbetrieb, eingesetzt werden. Ferner ist es nicht erlaubt, zum Spannen der Zurrmittel Werkzeuge, Rohre oder Ähnliches einzusetzen.

Gurtband

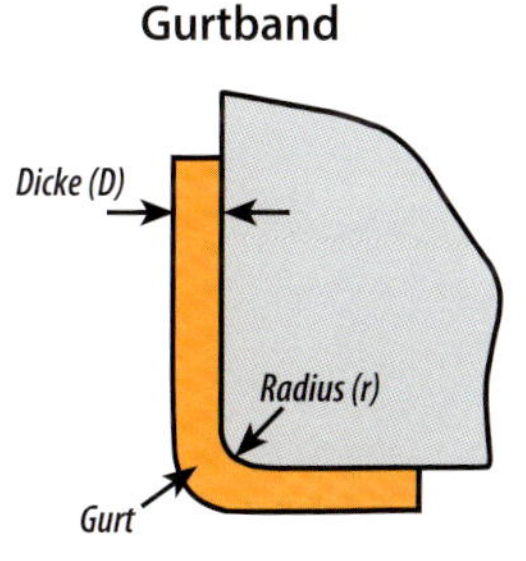

Rundstahlkette

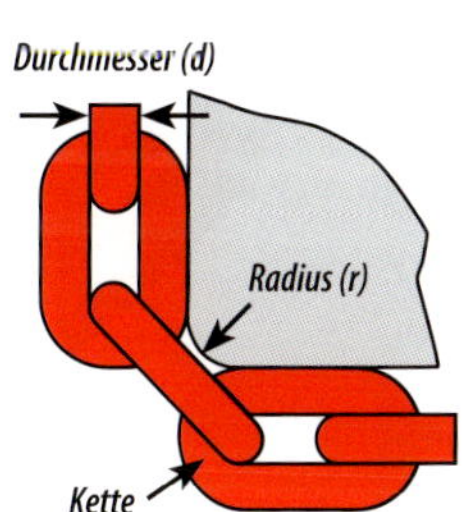

Stahldrahtseil

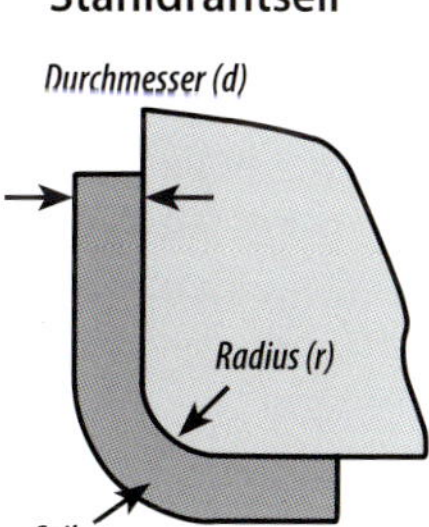

Scharfe Kante: r < D oder r < d

8.2 Kennzeichnung

Zurrmittel müssen dauerhaft und gut lesbar über eine Kennzeichnung in Form eines Etiketts (Gurt) oder eines Anhängers (Kette, Drahtseil) verfügen.

Die Angaben auf dem Etikett oder Anhänger liefern dem Anwender wichtige Informationen zur Leistungsfähigkeit des Zurrmittels.

Diese sind:

- ➜ Handkraft (SHF = Standard Hand Force)
- ➜ Vorspannkraft (STF = Standard Tension Force)
- ➜ Zugkraft (LC = Lashing Capacity)

Die **Handkraft** (SHF) ist diejenige Kraft, mit der das Zurrmittel beim Spannen durch den Anwender bedient wird. Die Handkraft ist normiert und wurde für alle Zurrmittel einheitlich auf 50 daN festgelegt.

Zurrgurtetikett

Die **Vorspannkraft** (STF) ist diejenige Kraft, die beim Niederzurren für das Anpressen der Ladung auf die Ladefläche sorgt. Die Vorspannkraft ist je nach Zurrmittel und Hersteller unterschiedlich.

Die **Zugkraft** (LC) beschreibt die maximal zulässige Belastung des gesamten Zurrmittels im geraden Zug. Die Zugkraft wird als jeweilige Haltekraft bei allen Direktzurrverfahren der Ladung wirksam.

Neben diesen für die Berechnung der Ladungssicherung wichtigen Daten sind der Kennzeichnung noch weitere Informationen wie zum Beispiel Hersteller, Material oder maximale Dehnung zu entnehmen.

> **Praxis-Tipp**
> Das GS-Kennzeichen (Geprüfte Sicherheit) ist für Zurrmittel nicht zwingend vorgeschrieben. Grundsätzlich wird jedoch der Kauf von GS-geprüften Produkten empfohlen.

Kettenanhänger

8.3 Zurrgurte

Zurrgurte bestehen aus dem Gurtband, der Ratsche und den Verbindungselementen. Sie können ein- oder zweiteilig sein. Am häufigsten sind zweiteilige Zurrgurte im Einsatz, einteilige werden vorzugsweise zum Umreifen der Ladegüter (beispielsweise zum Bündeln von Langmaterialien) verwendet. Das Gurtband kann aus

- ➜ Polyester (PES),
- ➜ Polyamid (PA) oder
- ➜ Polypropylen (PP)

bestehen. Am allermeisten werden Gurte aus Polyester verwendet.

Als Spannelemente von Zurrgurten kommen Standard- oder Langhebelratschen zur Anwendung. Die durch die Spannelemente erreichte Vorspannkraft (STF) kann dem Etikett des jeweiligen Zurrgurtes entnommen werden.

> **Merke**
> Die Vorspannkraft von Standardratschen beträgt etwa 250 daN bis 300 daN, die von Langhebelratschen etwa 500 daN bis 600 daN.

Als Verbindungselemente werden unterschiedliche Endbeschläge benutzt. Am häufigsten sind der Spitz- oder Klauenhaken anzutreffen. Aber auch andere Verbindungselemente wie beispielsweise der Finger-Profilhaken, der Karabinerhaken, der schwere Profilhaken oder der Deltabügel sind möglich.

Zurrgurt mit Standardratsche *Zurrgurt mit Langhebelratsche*

Verbindungselemente von Zurrgurten (Auswahl)

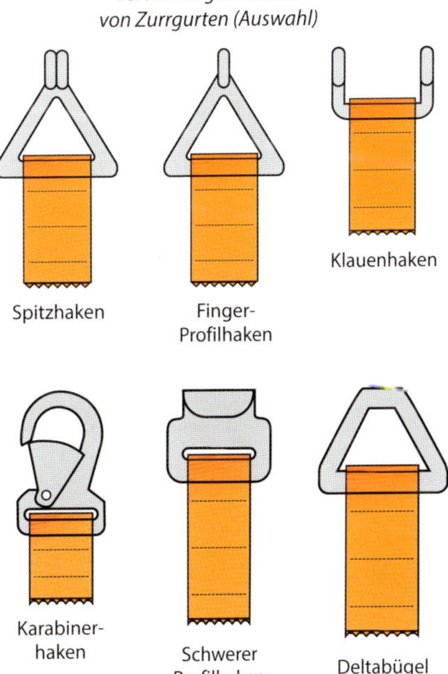

Letztendlich bestimmt die Zurrpunktgeometrie über die Ausführung des Verbindungselementes.

Wichtig ist bei allen Verbindungselementen, dass diese im Hakengrund auf Zug belastet werden. Alle anderen Belastungsformen sind unzulässig und können unter schlechtesten Umständen zum Materialbruch führen.

8.4 Zurrketten

Zurrketten sind Zurrmittel aus Rundstahlketten.

Merke
Werden Mehrzweck-Ratschenzüge als Spannmittel verwendet, entspricht die Angabe WLL (Working Load Limit) des Hebezeuges der Zugkraft (LC) des Zurrmittels.

Die Rundstahlkette sowie alle anderen Bauteile wie Verkürzungsklauen und Verbindungselemente müssen mindestens der Güteklasse 8 (entspricht 800 N/mm^2) entsprechen. Darüber hinaus sind hochfeste Zurrketten der Güteklassen 10 und 12 auf dem Markt verfügbar. Sie besitzen bei gleicher

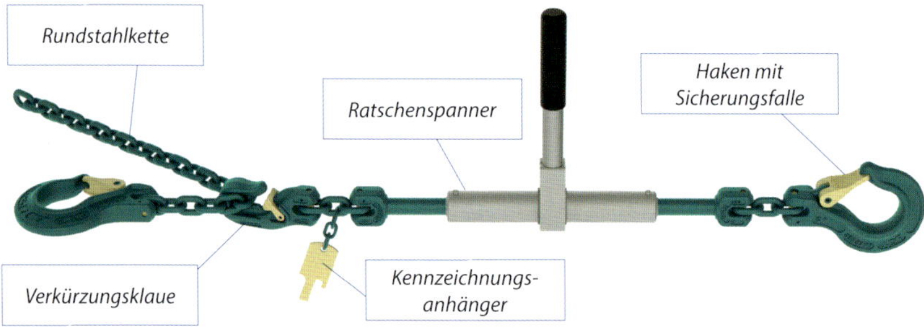

Ratschenspanner

Als Spannelemente dienen Spindel- oder Ratschenspanner, seltener auch Mehrzweck-Ratschenzüge.

Nenndicke der Kettenglieder eine größere Zugkraft (LC). Eine Übersicht über die Zugkräfte von Zurrketten der Güteklassen 8, 10 und 12 sind der nachfolgenden Tabelle zu entnehmen.

Zurrketten eignen sich besonders zum Direktzurren von schweren Gütern (z. B. Baumaschinen, Coils oder Betonteilen). Zum Niederzurren der Ladung werden sie seltener eingesetzt,

Nenndicke der Kettenglieder	Zugkraft LC Güteklasse 8	Zugkraft LC Güteklasse 10	Zugkraft LC Güteklasse 12
6 mm	2.200 daN	3.000 daN	3.600 daN
8 mm	4.000 daN	5.000 daN	6.000 daN
10 mm	6.300 daN	8.000 daN	10.000 daN
13 mm	10.000 daN	13.400 daN	16.000 daN

Zugkräfte (LC) von Zurrketten, tabellarisch

weil die großen produktspezifischen Vorspannkräfte von den meisten Ladegütern nicht aufgenommen werden können. Sollten Zurrketten dennoch zum Niederzurren eingesetzt werden, so ist die Vorspannkraft (STF) dem jeweiligen Kettenanhänger zu entnehmen.

Zurrketten besitzen als Verbindungselemente überwiegend Hakenprofile mit einer Sicherungsfalle. Die Verkürzungsklaue ermöglicht die grobe Längeneinstellung des Zurrmittels. Verkürzungsklauen müssen so gestaltet sein, dass ein unbeabsichtigtes Aushaken der eingelegten Kette verhindert wird. Dies erfolgt entweder aufgrund einer speziellen Formgebung der Verkürzungsklaue oder mittels einer selbsttätig wirkenden Bolzensicherung.

Praxis-Tipp

Bei Beschädigungen einer Zurrkette kann es wirtschaftlich sinnvoll sein, diese durch eine fachkundige Person reparieren zu lassen. Beim Austausch von defekten Kettenbauteilen dürfen nur Originalteile gleicher Güte verwendet werden.

8.5 Zurrdrahtseile

Zurrdrahtseile sind Zurrmittel aus Stahldrahtseilen. Als Spannelemente

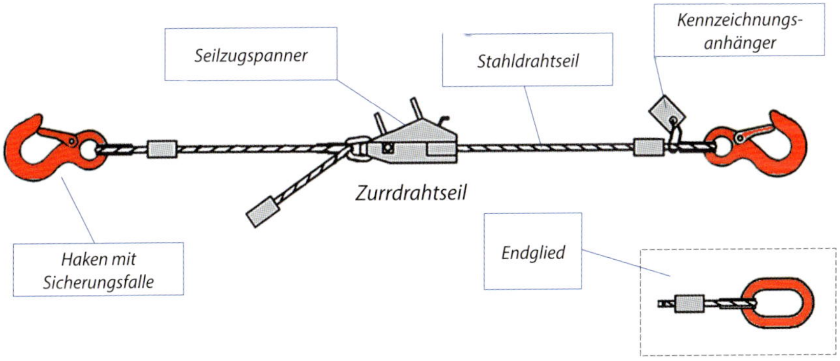

Zurrdrahtseil

können am Fahrzeug angebrachte Winden, Seilzugspanner oder Mehrzweck-Ratschenzüge verwendet werden.

Das Stahldrahtseil besteht aus 6 oder 8 Einzellitzen, die im Kreuzschlagverfahren um eine Faser- oder Stahleinlage verseilt wurden. Die einzelnen Litzen müssen mindestens eine Festigkeit von 1.770 N/mm^2 besitzen. Die Größe der Zugkräfte (LC) von Zurrdrahtseilen ist der nachfolgenden Tabelle zu entnehmen.

Nenndurchmesser **d** des Seiles	Maximale Zugkraft **LC**
8 mm	1.120 daN
10 mm	1.750 daN
12 mm	2.500 daN
14 mm	3.500 daN
16 mm	4.500 daN
18 mm	5.650 daN
22 mm	8.500 daN
24 mm	10.000 daN

Zugkräfte (LC) von Zurrdrahtseilen

Die Vorspannkraft von handbetätigten Zurrwinden beträgt etwa 500 daN. Zur Vermeidung von Handverletzungen darf der Rückschlagweg der Windenkurbel nicht größer als 150 mm sein.

Als Seilendverbindungen werden bevorzugt Pressklemmen eingesetzt. Auch durch Spleißen hergestellte Seilendverbindungen sind zulässig. Nicht zulässig ist die Verwendung von Drahtseilklemmen. Zurrdrahtseile dürfen nicht in der Nähe der Seilendverbindungen gebogen werden. Die Biegestelle muss mindestens 3 x d (Seildurchmesser) von der Kante der Pressklemme oder des Spleißes entfernt sein. Als Verbindungselemente können Haken oder Ovalglieder eingesetzt werden. Die Haken müssen mit einer Sicherungsfalle gegen unbeabsichtigtes Aushaken des Zurrmittels ausgerüstet sein.

Im Vergleich zu Gurten und Ketten werden Zurrdrahtseile eher selten verwendet.

Praxis-Tipp

Aufgrund ihrer Steifigkeit eignen sich Zurrdrahtseile dazu, unter der Ladung oder durch einzelne Ladegüter hindurchgeschoben zu werden.

8.6 Kontrolle und Prüfung

Zurrmittel müssen technisch einwandfrei sein, damit sie für den Anwender sowie andere Personen keine Gefahr darstellen. Der Anwender hat die Zurrmittel arbeitstäglich auf augenscheinliche Mängel hin zu kontrollieren. Bei

Aufkleber, Resch-Verlag

Zurrmittel sind prüfpflichtige Arbeitsmittel.

schweren oder sicherheitsrelevanten Mängeln darf das Zurrmittel nicht mehr verwendet werden. Ein Schaden ist unverzüglich dem Vorgesetzten zu melden; dieser hat dann letztendlich zu entscheiden, wie weiter verfahren werden soll.

Bei Austausch des Zurrmittels muss die weitere Verwendung des defekten Arbeitsmittels ausgeschlossen werden. Der Unternehmer hat für den entsprechenden Ersatz zu sorgen. Gleiches gilt auch für eine eventuelle Reparatur des Zurrmittels.

Darüber hinaus sind Zurrmittel regelmäßig durch eine befähigte Person (früher: Sachkundiger) zu prüfen. Die befähigte Person muss über besondere Kenntnisse und Fertigkeiten verfügen, um den arbeitssicheren Zustand des Zurrmittels beurteilen zu können. In ihrer Prüftätigkeit ist sie frei und unterliegt keinen Weisungen des Unternehmers. Wie häufig Zurrmittel zu prüfen sind, hat der Unternehmer im Rahmen seiner Gefährdungsbeurteilung eigenständig festzulegen.

> **Merke**
>
> Zurrmittel sind regelmäßig durch eine befähigte Person prüfen zu lassen. Der Anwender hat Zurrmittel außerdem arbeitstäglich auf augenscheinliche Mängel zu kontrollieren.

In der betrieblichen Praxis wird häufig eine einjährige Prüffrist unterstellt. Das

Defekte Zurrgurte

Ergebnis der wiederkehrenden Prüfungen ist zu dokumentieren.

Zurrmittel sind grundsätzlich abzulegen, wenn die Kennzeichnung (Etikett, Anhänger) fehlt oder nicht mehr lesbar ist. Darüber hinaus sind die Ablegekriterien in der VDI-Richtlinie 2700 Blatt 3.1 beschrieben. Häufige Schäden, die den weiteren Gebrauch der Zurrmittel ausschließen, sind

bei Zurrgurten:

- Einschnitte von mehr als 10 % der Gurtbandbreite,
- übermäßiger Verschleiß des Gurtbandes,
- Beschädigung von tragenden Nähten,
- Gurtschäden durch Hitze oder Chemikalien,
- Verformungen oder übermäßiger Verschleiß der Ratsche,
- Aufweitung des Hakens um mehr als 5 %,
- Risse, Brüche oder Verformungen der Endglieder.

bei Zurrketten:

- Bleibende Verformung einzelner Kettenglieder um mehr als 5 % (bezogen auf die Teilung 3 x d),
- starker Verschleiß der Kettenglieder durch Abrieb,
- verbogene oder defekte Kettenglieder (Kerben, Anrisse usw.),
- Verformungen oder übermäßiger Verschleiß der Spannelemente,
- Aufweitung des Hakens um mehr als 5 %,
- defekte oder fehlende Sicherungsfalle des Hakens.

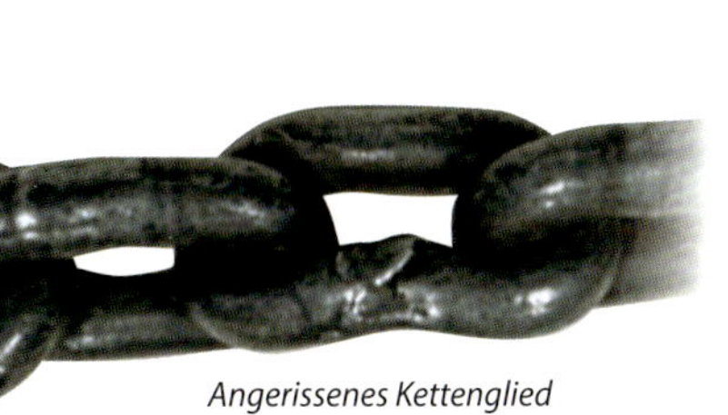

Angerissenes Kettenglied

Verbogener Haken

Starker Abrieb einzelner Kettenglieder

bei Zurrdrahtseilen:

- ➜ mehrfache Drahtbrüche,
- ➜ eine gebrochene Litze,
- ➜ beschädigte Pressklemmen,
- ➜ Verschleiß des Seiles um mehr als 10 % des Nenndurchmessers,
- ➜ Quetschungen des Seiles um mehr als 15 % des Nenndurchmessers,
- ➜ Knicke und Klanken,
- ➜ Verformungen oder übermäßiger Verschleiß der Spannelemente,
- ➜ starke Aufweitung des Hakens,
- ➜ Aufrisse, Brüche, starke Korrosion der Endglieder.

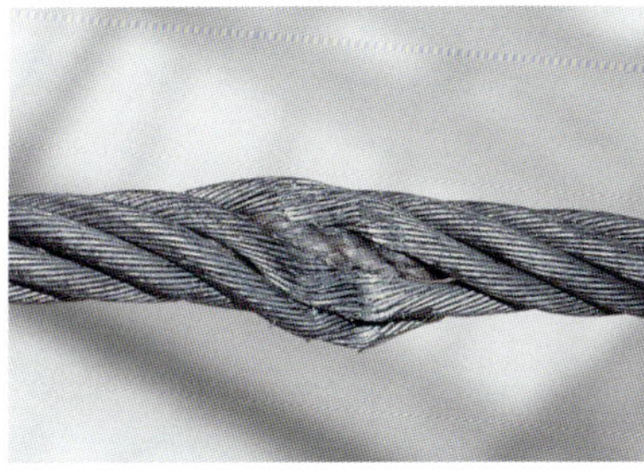

Schäden an Zurrdrahtseilen: Defekte Presshülse, übermäßige Drahtbrüche, Quetschung, Litzenbruch

9. Einrichtungen und Hilfsmittel zur Ladungssicherung

9.1 Einbau-Regalsysteme

Die Ladungssicherung im Kastenwagen (Transporter) kann problematisch sein. Oft fehlen im Laderaum geeignete Stau- und Sicherungsmöglichkeiten. Auch Eigenbauregale sind keine zuverlässige Lösung. Im Gegenteil: Ungeeignete Materialien können bei einem Verkehrsunfall splittern und die Insassen zusätzlich gefährden.

Irrtümlich wird häufig angenommen, dass die Ladung durch den geschlossenen Laderaum nicht verloren gehen kann und deshalb eine Ladungssicherung nicht erforderlich ist. Allerdings ist die Rückhalteeinrichtung nicht unbegrenzt belastbar. Zudem kann verrutschtes Ladegut die Fahr- und Bremseigenschaften des Transporters negativ beeinflussen. Auch vermeidbares Lärmen ist zu verhindern.

Hinweis

Als Rückhalteeinrichtung wird die bauliche Trennung von Fahrgastzelle und Laderaum bezeichnet. Geeignete Rückhalteeinrichtungen sind Trennwand oder Trenngitter.

Eine komfortable Lösung für die Ladungssicherung im Transporter zeigt die nachfolgende Abbildung. Einbau-Regalsysteme, welche zuverlässig mit der Bodenplatte und der innenliegenden Fahrzeugkonstruktion verbunden sind, ermöglichen ein problemloses Stauen und Sichern von Ladegütern verschiedenster Art.

Fehlende Stau- und Sicherungsmöglichkeiten in einem Kastenwagen

Einbau-Regalsysteme für branchenspezifische Anforderungen

Die Regalsysteme können quer (z. B. hinter der Trennwand) oder längs zur Fahrtrichtung (ein- oder beidseitig) eingebaut sein. Die Regalböden können Güter von bis zu 120 kg aufnehmen. Die Schubladen der Regalsysteme tragen immerhin noch etwa 90 kg. Weitere Sicherungsmöglichkeiten für Werkzeuge, Kanister, Schaufeln und dergleichen können je nach Kundenwunsch zusätzlich in das Regalkonzept integriert werden.

> **Merke**
> Die meisten Hersteller und Lieferanten von Einbau-Regalsystemen bieten spezielle Branchenlösungen (z. B. für das Baugewerbe oder das Elektrohandwerk) an.

9.2 Dachträger (Kastenwagen)

Dachträger liefern zusätzlichen Stauraum auf dem Fahrzeugdach und dienen dem sicheren Transport von sperrigen und langen Gegenständen. Die Beladung erfolgt vom Boden aus und kann deshalb erschwert sein. In Leichtbauweise konzipierte Dachträger ermöglichen aufgrund des geringen Eigengewichts eine maximale Zuladung und besitzen wegen ihrer hochwertigen Verarbeitung und den korrosionsbeständigen Materialien eine lange Lebensdauer.

Zu beachten ist, dass der Gesamtschwerpunkt des Fahrzeuges durch die zusätzlichen Dachlasten nach oben verlagert wird. Dadurch kann das Fahrverhalten negativ beeinflusst werden. Auch die Windangriffsfläche wird durch Dachaufbauten beziehungsweise die zusätzliche Ladung auf dem Dach vergrößert. Ein vielseitiges Dachträgersystem mit verschiedenen Ausrüstungsmerkmalen zeigt die Abbildung unten.

Legende:

❶ Leiterlift: Bequemer Transport auch von schweren Leitern, da diese mittels Gasdruckfeder auf den Dachträger befördert werden. Ein- und mehrteilige Leitern lassen sich so mühelos vom Boden aus auf- und abladen.

❷ Laderolle: Helfer für schweres und großvolumiges Ladegut. Erleichtert das Be- und Entladen des Dachträgers und schützt gleichzeitig das Fahrzeugdach vor Beschädigungen durch den Ladevorgang.

❸ Seitenwange: Seitliche Begrenzung des Ladebereichs, der zum Heranladen der Dachlasten genutzt werden kann.

❹ Laderohr aus Aluminium: Ermöglicht langes Ladegut trocken und sicher zu verstauen, zudem schützt der abschließbare Deckel vor Diebstahl des Materials.

❺ Ladungsbegrenzer: Sie können auf den Querträgern individuell montiert werden und dienen zur Fixierung der Ladung. Durch ihre offene Bauweise ist zusätzlich das Hindurchziehen von Zurrgurten zum Niederzurren der Ladung möglich.

❻ Zurrschiene: Sie ermöglicht das Verbinden von systemgleichen Zurrgurten (Fittings) an jeder beliebigen Stelle quer zur Fahrtrichtung.

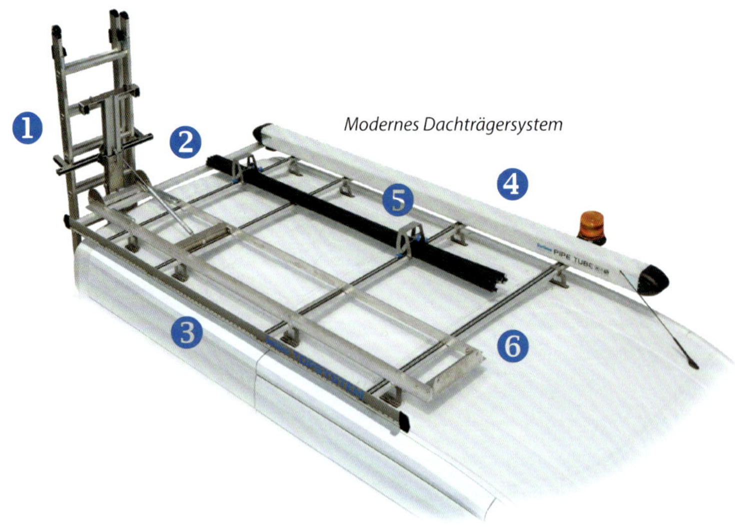

Modernes Dachträgersystem

9.3 Ordnungshilfen für Kleintransporter und Pkw-Kombi

Kleinteile wie Schrauben, Schellen, Dichtungen usw. entziehen sich herkömmlichen Sicherungsmethoden, da wegen ihrer Größe ein direktes Verzurren nicht möglich ist. Kleinteile sollten deswegen bevorzugt in geeigneten Materialkisten sortengleich gelagert und in übersichtlicher Weise z. B. im Kleintransporter oder Pkw-Kombi mitgeführt werden. Viele Handwerksbetriebe haben den Nutzen solcher Staumöglichkeiten bereits erkannt und verwenden sie täglich für ihre Arbeit auf Baustellen. Durch das geordnete, übersichtliche Mitführen der Kleinteile entfällt außerdem das Suchen der Ware auf dem Fahrzeug.

Außendienstmitarbeiter müssen darüber hinaus oft für ihre Tätigkeit unverzichtbare Gegenstände und / oder Dokumente im Pkw-Kombi mitführen. Bei Serienfahrzeugen fehlt in der Regel eine angemessene Staumöglichkeit in der Fahrgastzelle. Abhilfe schaffen hier spezielle Ordnungssysteme für „administrative Tätigkeiten" im Fahrzeug. Diese sind universell einsetzbar und werden einfach und schnell am Drei-Punkt-Gurtsystem des Beifahrersitzes befestigt. Das Gehäuse bietet ein großes Ladevolumen und ist mittels Deckel verschließbar. Die zusätzliche Klemmbrettfunktion erlaubt dem Anwender (z. B. Servicetechniker) die notwendige Dokumentation seiner Tätigkeiten.

Kleinteile werden am besten in speziellen Materialkisten mitgeführt. Das ist nicht nur sicher, sondern erspart auch langes Suchen der Ware auf dem Fahrzeug.

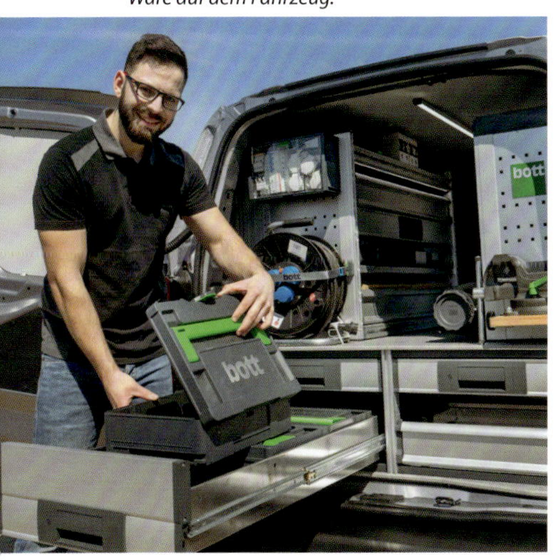

Mit geeigneten Ordnungssystemen werden wichtige Gegenstände nicht nur sicher im Fahrzeug mitgeführt, sondern sind auch stets gleich zur Hand.

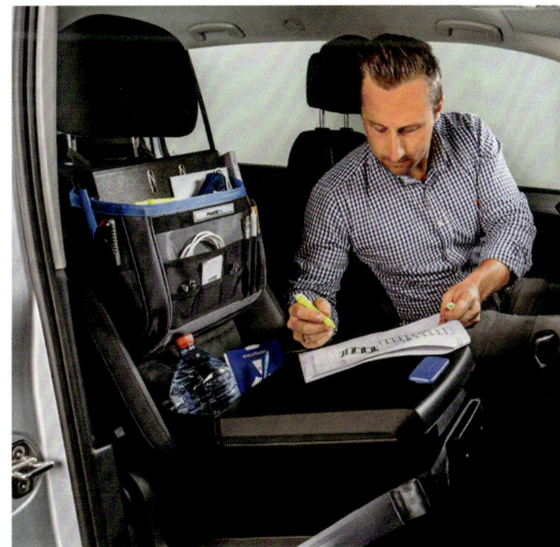

9.4 Transport von Druckgasflaschen

Beispielhafte Sicherung von Druckgasflaschen – stehend und liegend

Beim Transport von technischen Gasen (z.B. Sauerstoff, Brenngas oder Schweißschutzgasen) in Druckgasflaschen ist auf eine ausreichende Be- und Entlüftung des Laderaumes zu achten. Druckgasflaschen dürfen in geschlossenen Fahrzeugen nur befördert werden, wenn der Laderaum mindestens mit zwei Lüftungsöffnungen ausgestattet ist. Die eine Lüftungsöffnung ist in Bodennähe, die andere in Deckenhöhe anzubringen. Eine diagonale Anordnung der Lüftungsöffnungen zueinander ist anzustreben, um eine ausreichende Querbelüftung zu erreichen. Der freie Querschnitt jeder Lüftungsöffnung sollte mindestens 100 cm^2 betragen.

Die Druckgasflaschen sind gegen Verrutschen und Kippen zu sichern; die Ventile müssen zum Transport dicht verschlossen und mit den vorgesehenen Schutzkappen versehen sein. Werden brennbare Gase transportiert, sind das Rauchen und der Umgang mit offenen Flammen verboten. Außerdem dürfen brennbaren Gase nicht zusammen mit leicht entzündlichen Ladegütern transportiert werden.

9.5 Lochschienen mit Zubehör

Lochschienen mit Zubehörteilen (z.B. Keile und Klötze) eignen sich besonders, um Ladegüter auf der Ladefläche zu blockieren. Hierdurch wird eine formschlüssige Ladungssicherung erreicht. Vorteilhaft bei dieser Art der Ladungssicherung ist, dass die Ladung an fast jeder Stelle auf der Ladefläche und somit unter Einhaltung der Kriterien für eine verkehrssichere Lastverteilung positioniert werden kann. Einige Lochschienen-Systeme ermöglichen bauartbedingt das Heranführen der Zubehörteile an das Ladegut. So können auch geringste Ladelücken verhindert werden.

Keil in Lochschiene zum Blockieren der Ladung

Die Lochschienen sind in der Regel paarweise mit Ausrichtung in Längsrichtung des Fahrzeuges im Ladeboden eingelassen. Die Verladung mit Flurförderzeugen oder Handhubwagen bleibt dadurch weiterhin möglich. Wie groß die jeweiligen Rückhaltekräfte sind, sollte beim Aufbauhersteller erfragt werden. Es wird außerdem empfohlen, die Herstelleraussagen zur Systemfestigkeit durch Gutachten oder vergleichbare Dokumentation auf dem Fahrzeug mitzuführen. Nur so kann die Ladungssicherung überall und zu jeder Zeit beurteilt werden.

Zurrschiene in Verbindung mit einem Zurrgurtsystem

Sollten die hier beschriebenen Einrichtungen die zu erwartenden Massenkräfte nicht vollständig aufnehmen können, sind weitere Sicherungsmaßnahmen erforderlich. So kann die Ladung beispielsweise zusätzlich niedergezurrt oder mittels Kopfschlingenzurren gesichert werden.

9.6 Zurr- und Ankerschienen

Zurr- und Ankerschienen dienen der Aufnahme verschiedener Hilfsmittel zur Ladungssicherung. Hierzu gehören Zurrgurtsysteme mit unterschiedlichen Endbeschlägen und Ladebalken oder Teleskopstangen, die formschlüssig in das jeweilige Lochmuster des Schienensystems eingeklinkt werden können.

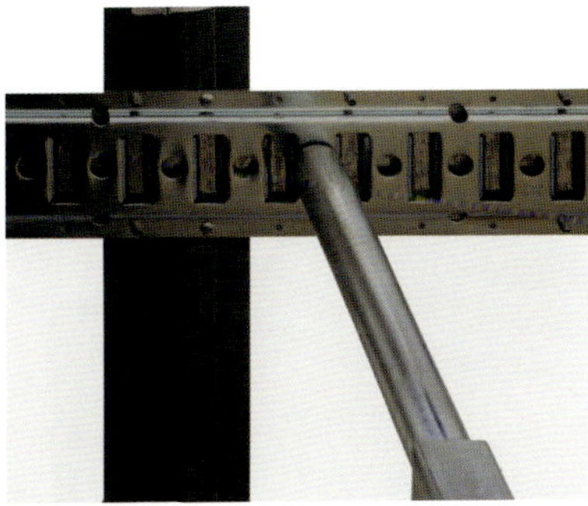

Ladebalken (oben) und Teleskopstangen sichern die Ladung formschlüssig.

Die Zurr- und Ankerschienen können werkseitig im Fahrzeugaufbau integriert sein oder lassen sich bei Bedarf auch nachrüsten. Üblicherweise werden sie in die Seitenwände des Fahrzeugaufbaus integriert oder aufgebaut. Aber auch der Einbau im Ladeboden und im Fahrzeugdach ist möglich. Somit können Ladebalken beziehungsweise Sperrstangen horizontal wie vertikal zur Ladungssicherung genutzt werden. Die Rückhaltekräfte sind systemabhängig und beim jeweiligen Hersteller zu erfragen.

Merke
Erfahrungsgemäß liegen die Blockierkräfte von Ladebalken bei etwa 800 daN bis 1.000 daN. Mit Teleskopstangen können Blockierkräfte von bis zu 450 daN erreicht werden.

9.7 Klemmbretter und -stangen

Klemmbretter und -stangen zählen zu den systemunabhängigen Hilfsmitteln. Mit ihnen kann das Ladegut fixiert und gegen Bewegung gesichert werden. Zu beachten ist, dass Klemmbretter und -stangen nur kraftschlüssig mit dem Fahrzeugaufbau verbunden werden. Die Verbindung erfolgt über Verklemmen mithilfe von Klemmbacken oder vergleichbaren Spannvorrichtungen. Die Verklemmung ist nur so effektiv, wie der Zustand des Materials und der Fahrzeugaufbau es erlauben.

Merke
Klemmbretter und Klemmstangen wirken ausschließlich kraftschlüssig und können deshalb nur geringe Blockierkräfte aufbringen.

Klemmbretter sind in der Länge verstellbar. Auch kleinere Bauformen (z. B. für Anhänger) sind marktüblich. Klemmbretter werden mit ihren beidseitigen Klemmbacken über die Seitenbordwände beziehungsweise die Spriegelbretter gesteckt, an das Ladegut herangeschoben und anschließend verklemmt. Der

Klemmbrett (links) und Klemmstange sichern die Ladung kraftschlüssig.

Einstellbereich der Klemmbacken liegt etwa zwischen 10 mm und 30 mm. Klemmbretter können ausschließlich horizontal eingesetzt werden.

Klemmstangen sind ebenfalls zur Sicherung von Ladegütern geeignet. Sie werden vorzugsweise in Kofferfahrzeugen zur Sicherung leichter Ladegüter eingesetzt. Klemmstangen bestehen aus einem Außen- und einem Innenrohr. Die Gesamtlänge ist variabel. Auch kleinere Bauformen sind möglich. Klemmstangen werden aus Stahl oder Aluminium gefertigt. Durch den Spannmechanismus ist ein Verklemmen gegen den Fahrzeugaufbau leicht möglich. Die Verwendung von Klemmstangen kann in horizontaler wie auch in vertikaler Weise erfolgen.

Praxis-Tipp

Die Klemmbacken beziehungsweise Gummifüße von kraftschlüssig wirkenden Hilfsmitteln sollten regelmäßig gereinigt und überprüft werden, um eine optimale Verbindung zum Fahrzeugaufbau zu realisieren.

9.8 Ausfüllende Hilfsmittel

Ausfüllende Hilfsmittel stellen den Formschluss der Ladung zum Fahrzeugaufbau durch Vermeidung von Ladelücken sicher. Hierzu können beispielsweise

- Staupolster,
- Stausäcke oder
- Leerpaletten

Stausack als Füllmaterial im Container

Einsatz von Leerpaletten zum Ausfüllen von Ladelücken

eingesetzt werden. Staupolster bestehen aus einem druckstabilen Schaumstoff mittlerer Härte, der mehrfach verwendet werden kann. Die Abmessungen der Staupolster sind variabel. Notfalls lassen sie sich vor Ort auf das gewünschte Maß zurechtschneiden. In der Praxis hat sich die Verwendung von Staupolstern nur vereinzelt durchgesetzt.

Stausäcke dienen ebenfalls dazu, Ladelücken auszufüllen. Sie bestehen aus einem luftdichten Innensack aus Polyethylen und einer Außenhülle. Mittels eines geringen Überdrucks wird der Stausack mit Luft gefüllt und dadurch das Leervolumen ausgefüllt. Stausäcke gibt es in verschiedenen Größen und Volumina. Das Befüllen sowie das Ablassen der Druckluft erfolgt über ein spezielles Ventil, welches in den Stausack integriert ist. Stausäcke werden oft bei der Ladungssicherung in geschlossenen Containern genutzt.

Merke

Stausäcke sind empfindlich gegenüber scharfen oder spitzen Gegenständen und daher bei derartigen Ladegütern nicht oder nur bedingt geeignet.

Leerpaletten lassen sich ebenfalls für das Ausfüllen von Zwischenräumen nutzen. Sie können liegend gestapelt oder auch hochkant verwendet werden. Leerpaletten werden verhältnismäßig häufig als Füllmaterial verwendet, da sie in der Transportlogistik fast überall verfügbar sind.

9.9 Abdeck- und Containerplanen

Abdeckplanen dienen zur Ladungssicherung von Schüttgütern wie beispielsweise

- Sand,
- Kies oder
- Schotter.

Auch Abbruchmaterial oder wiederverwertbare Abfallstoffe, welche oft in offenen Containern oder Wechselbehältern transportiert werden, können mit geeigneten Planen einfach und effizient abgedeckt werden. Die Größe der Planen ist den Abmessungen des Fahrzeuges beziehungsweise Containers anzupassen. Die meisten Hersteller und Lieferanten bieten Standardplanen wie auch Sondergrößen an.

Die Planen werden aus Kunststoffen gefertigt. Durch geeignete Materialverstärkungen in den Eckbereichen wird die Lebensdauer der Abdeckplanen zusätzlich erhöht. Die Befestigung der Abdeckplanen erfolgt mittels Gummibändern, welche durch Haken (Fahrzeugaufbau, Container) und Ösen (Planenwerkstoff) eine Verbindung zum Fahrzeug / Container herstellen. Die Planen können wasserfest, wasserabweisend oder auch luftdurchlässig sein. Wasserfeste und bedingt auch wasserabweisende Planensysteme schützen das Ladegut vor Feuchtigkeit. Luftdurchlässige Planen vermeiden ein übermäßiges Aufblähen der Abdeckung bei starker Windeinwirkung.

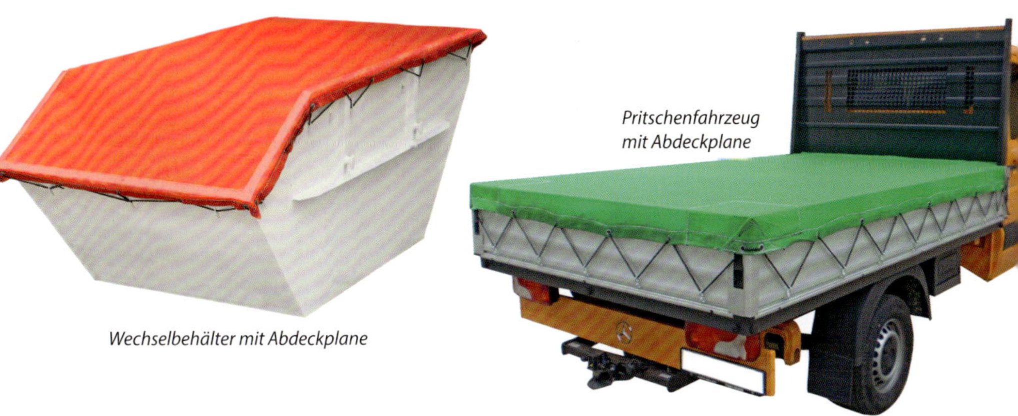

Wechselbehälter mit Abdeckplane

Pritschenfahrzeug mit Abdeckplane

9.10 Abdeck- und Zurrnetze

Beim Einsatz von Netzen zur Ladungssicherung unterscheidet man zwischen

- Abdecknetzen und
- Zurrnetzen.

Abdecknetze dienen zur Sicherung von leichten, losen Gütern in vertikaler Richtung. Sie werden aus synthetischen Materialien (z. B. Polypropylen) als gewirkte oder geknotete Netze hergestellt. Abdecknetze werden auf der Pritsche, dem Container oder dem Wechselbehälter überlappend eingesetzt, sodass während der Fahrt kein Ladegut fortwehen kann. Die effektivste Sicherung wird erzielt, wenn das Abdecknetz möglichst an vielen Stellen gemeinsam mit dem Fahrzeugaufbau beziehungsweise Container verbunden wird. Mit Abdecknetzen können keine Vorspannkräfte aufgebracht werden.

Die Kennzeichnung von Abdecknetzen muss folgende Mindestangaben enthalten:

- Name des Herstellers,
- Typbezeichnung,
- Herstellungsjahr,
- Warnhinweis: „Nur zum Abdecken!".

Zurrnetze bestehen aus Gurtbändern, welche zu einem Netz vernäht worden sind, sowie aus Spann- oder Verbindungselementen. Die einzelnen Komponenten müssen den Anforderungen der DIN EN 12195 Teil 2 entsprechen. Zurrnetze können zur kraft- und zur formschlüssigen Ladungssicherung eingesetzt werden. Bei der Auswahl des geeigneten Zurrnetzes sind die Fahrzeug- und Ladegutabmessungen zu beachten. Ausgewählte Hersteller bieten Zurrnetze für die Anwendung im Pkw-Kombi, im Kastenwagen sowie für schwere Nutzfahrzeuge an.

Abdecknetz für leichte Güter

Anwendung eines Zurrnetzes im Pkw-Kombi

9.11 Sonstige Hilfsmittel

Ein großer Anteil von Antirutschmatten (ARM) wird aus Gummigranulaten hergestellt. Ausgangsstoffe zur Herstellung von ARM sind Styrol-Butadien-Kautschuk und Naturkautschuk. Als Bindemittel wird Polyurethan verwendet. ARM können üblicherweise in einem Temperaturbereich von -10 °C bis +100 °C eingesetzt werden. Der Gleitreibbeiwert μ handelsüblicher ARM beträgt etwa 0,6 (= 60 % Reibung). Dieser Wert gilt jedoch nur für neues und sauberes Material. Durch Verschmutzung und Verschleiß kann der μ-Wert stark abnehmen.

Weitere Kriterien für die Qualität einer ARM sind

- ➜ das Verformungsverhalten sowie
- ➜ die Zug- und Scherfestigkeit.

Eine Verformung des Materials ist bei großen Druckbelastungen (z. B. bei voll beladenen Gitterboxpaletten) möglich.

> **Merke**
> Bei der Auswahl von Antirutschmatten ist darauf zu achten, dass deren Verformung unter Last nicht mehr als 30 % der Ausgangsdicke des Materials beträgt.

Insbesondere dünne ARM oder Produkte mit einem hohen Hohlraumanteil können unter Beanspruchung reißen. ARM können, sofern sie technisch einwandfrei sind, mehrfach verwendet werden. Eine Benutzung von ARM ist jedoch auszuschließen, sobald eines der folgenden Ablegekriterien erfüllt ist:

- ➜ bleibende Verformungen / Druckstellen,
- ➜ Risse oder starker Abrieb,

Ordnungsgemäßer Einsatz einer Antirutschmatte

- ausgebrochenes oder aufgequollenes Material,
- Schäden durch aggressive Medien,
- Versprödung des Materials,
- starke Verschmutzungen.

Weitere Informationen zu ARM können der VDI-Richtlinie 2700 Blatt 15 „Rutschhemmende Materialien" entnommen werden.

> **Praxis-Tipp**
> Antirutschmatten (ARM) sollten grundsätzlich zur Ladungssicherung eingesetzt werden. Dabei ist ausschließlich Qualitätsware zu verwenden. Je geringer der Hohlraumanteil einer ARM ist, desto besser ist die Qualität.

Kantenschutzwinkel (lang)

Formstabiler Kantenschutzwinkel

Formstabile Kantenschutzwinkel erfüllen mehrere Funktionen gleichzeitig. Hierzu gehören:

- Schutz des Ladegutes vor Beschädigungen durch Einschnüren,
- Schutz des Gurtbandes vor scharfen Kanten,
- gleichmäßige Verteilung der Vorspannkräfte (beim Niederzurren).

Je nach Ladegut können unterschiedliche Kantenschutzprodukte verwendet werden. Eine kleine Auswahl zeigen nebenstehende Abbildungen. Spezielle gewebeverstärkte Polyesterschläuche sind ebenfalls geeignet, um Zurrgurte vor Beschädigungen zu bewahren.

Flexibler Kantenschutz

10. Berechnung von Sicherungskräften

10.1 Grundsätzliches

Die Berechnung der Ladungssicherung basiert auf den anerkannten Regeln der Technik. Derzeit existieren verschiedene Berechnungsgrundlagen, welche auf nationale und europäische Besonderheiten zurückzuführen sind. Im Einzelfall ist zu klären, welches technische Regelwerk für die Berechnung der Ladungssicherung zu Grunde zu legen ist.

Nachfolgend wird die Ermittlung von Sicherungskräften anhand der VDI-Richtlinie 2700 Blatt 2 in der derzeit gültigen Fassung vorgestellt. Dabei werden folgende Vereinfachungen getroffen:

- die Beförderung findet ausschließlich auf der Straße statt (kein kombinierter Schiffs- oder Eisenbahnverkehr),
- die Ladegüter sind standsicher, es besteht keine Kippgefahr,
- die Ladegüter sind beförderungssicher gestaltet oder verpackt,
- bei allen Bewegungsformen der Ladung liegt Gleitreibung vor,
- die Ladeflächen sind frei von Verunreinigungen, Schnee, Eis etc.,
- sofern erforderlich, wird Kantenschutz verwendet.

Merke
Wenn das Ladegut nicht standsicher ist, muss neben der Sicherung gegen Rutschen auch die Kippgefährdung durch Berechnung berücksichtigt werden.

Die Berechnungen sind teilweise extrem komplex und umfangreich. Kritische Stimmen behaupten, sie seien für den Anwender viel zu kompliziert und daher nicht oder nur bedingt geeignet. Einige Zurrmittelhersteller haben auf diese Kritik reagiert und bieten verschiedene Berechnungshilfen in Form von PC-Programmen, Apps für das Smartphone sowie Zurrmittel-Rechenschiebern oder Berechnungsscheiben.

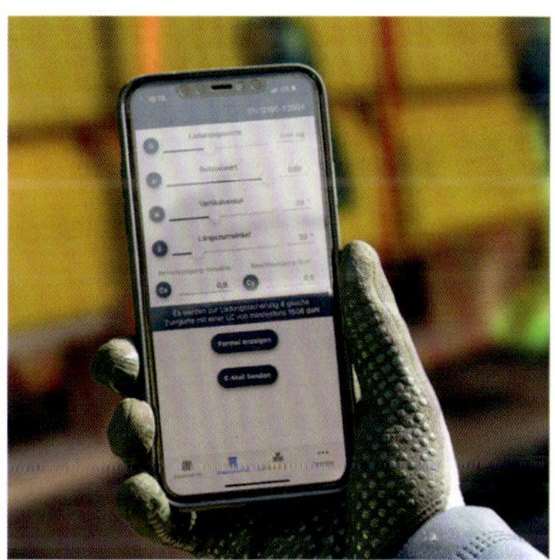

Smartphone-Apps verschiedener Hersteller von Zurrmitteln erleichtern die Berechnung der Sicherungskräfte und sind eine große Hilfe für die tägliche Praxis.

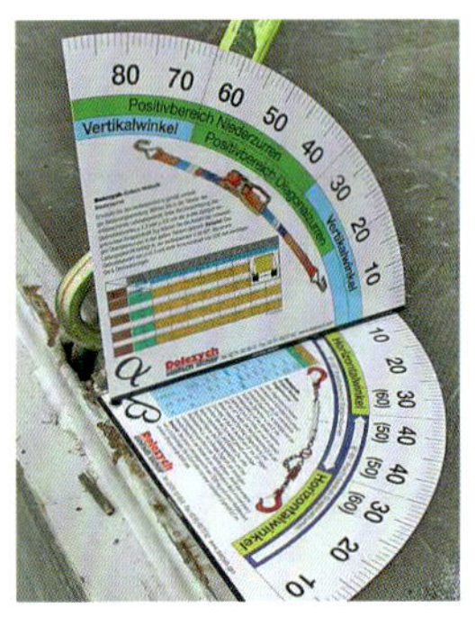

Zurrwinkel-Schablonen

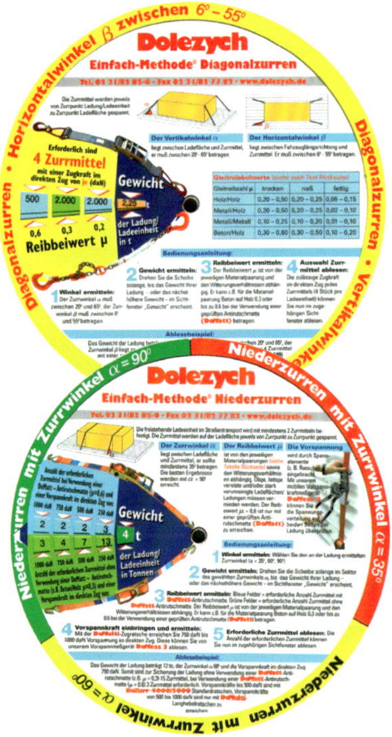

Berechnungstabellen („Trucker-Disc")

> **Praxis-Tipp**
> Je nach Transportaufgabe und betrieblicher Situation kann die Nutzung einer Berechnungs-Software oder die Verwendung von Zurrmittel-Rechenschiebern sinnvoll sein.

10.2 Anzahl der Zurrmittel beim Niederzurren

Beim Niederzurren ist in Abhängigkeit von der Ladungsmasse, den Reibungsverhältnissen sowie dem Vertikalwinkel α (sprich: alpha) zu ermitteln, wie viele Zurrmittel einer Art verwendet werden müssen, um die Ladung gegen Rutschen zu sichern. Dabei sind alle Bewegungsrichtungen zu berücksichtigen. Für eine frei stehende Ladung erfolgt die Ermittlung der erforderlichen Zurrmittel nach der Formel auf Seite 65.

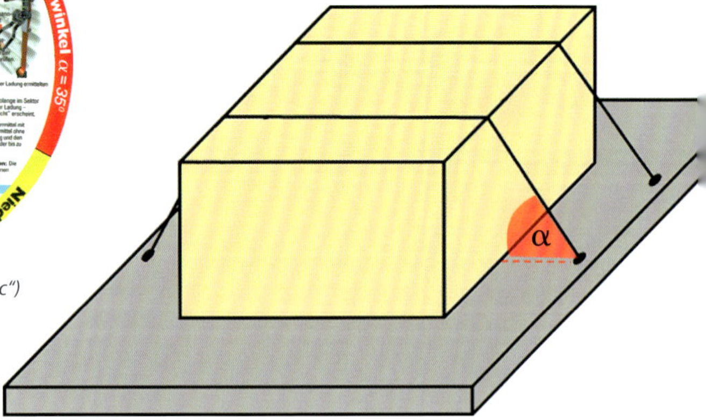

Vertikalwinkel α beim Niederzurren

$$n = \frac{m \times g}{k \times STF \times \sin\alpha} \times \left(\frac{f - \mu}{\mu}\right)$$

n = *Anzahl der erforderlichen Zurrmittel*
m = *Ladungsmasse*
g = *Erdbeschleunigung (≈ 10 m/s²)*
f = *Beschleunigungsbeiwert*
μ = *Reibungsquotient*
k = *Übertragungsbeiwert (1,5 … 2,0)*
STF = *Vorspannkraft des Zurrmittels*
α = *Vertikalwinkel*

Dabei berücksichtigt der Übertragungsbeiwert *k* die Umlenkverluste beim Niederzurren. Die Erfahrung zeigt, dass im realen Betrieb auf der gegenüberliegenden Ratschenseite der Ausgangswert nur zu etwa 50 bis 80 % erreicht wird. Daher gelten für das Niederzurren folgende Bedingungen:

- Anwendung **ohne Kantenschutz:**
  k = 1,5 (50 % Verlust der Vorspannkraft)
- Anwendung **mit Kantenschutz:**
  k = 1,8 (20 % Verlust der Vorspannkraft)

Zudem hat der Vertikalwinkel α einen Einfluss auf die Berechnung des Niederzurrens. Grundsätzlich gilt, dass mit der Reduzierung des Vertikalwinkels die Effektivität des Niederzurrens abnimmt. Ein Zurrwinkel kleiner als 30 Grad sollte vermieden werden, da unter diesen Bedingungen kaum noch vertikale Sicherungskräfte aufgebracht werden können.

Zum besseren Verständnis soll folgendes Anwendungsbeispiel dienen:

Beispiel
Ein Ladegut mit der Masse m = 2.000 kg soll allein durch Niederzurren gesichert werden. Es stehen Zurrgurte mit einer Vorspannkraft STF von 300 daN zur Verfügung. Ferner werden Kantenschutzwinkel (k = 1,8) eingesetzt, jedoch keine Antirutschmatten. Der Gleitreibbeiwert beträgt μ = 0,3 (Holz / Holz). Der Vertikalwinkel α beträgt 35 Grad. Wie viele Zurrgurte sind zur Sicherung erforderlich?

Setzt man die genannten Werte in die vorliegende Formel ein, so erhält man:

$$n = \frac{2.000 \text{ kg} \times 10 \text{ m/s}^2}{1{,}8 \times 300 \text{ daN} \times \sin 35°} \times \left(\frac{0{,}8 - 0{,}3}{0{,}3}\right)$$

$$n = \frac{2.000 \text{ daN}}{1{,}8 \times 300 \text{ daN} \times 0{,}573} \times \left(\frac{0{,}5}{0{,}3}\right)$$

$$n = \frac{2.000 \text{ daN}}{309{,}4 \text{ daN}} \times \left(\frac{0{,}5}{0{,}3}\right)$$

n = 10,8 (aufgerundet n = 11)

Es werden also insgesamt **11 Zurrgurte** benötigt.

Das Beispiel zeigt, dass bereits einfache Verhältnisse einen beträchtlichen Aufwand erfordern. Um dem Fahr- und Ladepersonal den hier vorgestellten Berechnungsaufwand zu ersparen, kann das Ergebnis auch überschlägig mit den Lösungstabellen aus Anhang 1 ermittelt werden. Bei Anwendung der Lösungstabelle erhält man ebenfalls 11 Zurrmittel.

Masse der Ladung (t)		**1**			**2**		
Winkel α (Grad)		35	60	90	35	60	90
STF	μ	Anzahl der erforderlichen Zurrmittel					
300 daN	0,1	23	15	13	-	30	26
	0,3	6	4	4	11	7	7
	0,6	2	2	2	3	2	2

Lösungstabelle Niederzurren (Ausschnitt)

> **Merke**
> Mithilfe der Lösungstabellen „Niederzurren" können ggf. nicht alle Anwendungsbedingungen exakt berücksichtigt werden. Das Ergebnis hat dann nur einen orientierenden Charakter.

Erfolgt die Sicherung der Ladung mithilfe von Antirutschmatten (μ = 0,6), so erhält man nach der Lösungstabelle Niederzurren n = 3. Es sind also nur noch 3 Zurrgurte (vorher 11 Zurrgurte) erforderlich. Dieses Beispiel verdeutlicht nachhaltig die positive Wirkung von Antirutschmatten. Zu beachten ist außerdem, dass eine frei stehende Ladung immer mit mindestens zwei Zurrmitteln niedergezurrt werden muss. Ansonsten könnte sich das Ladegut unter dem 1-strängigen Zurrmittel ungewollt verdrehen.

Grundsätzlich ist die Berechnung der Ladungssicherung für jede Richtung vorzunehmen. Bei einer frei stehenden niedergezurrten Ladung ist die Betrachtung in Fahrtrichtung (f = 0,8) jedoch ausreichend, da die maximalen Massenkräfte zur Seite und nach hinten (f = 0,5) geringer sind.

10.3 Auslegung der Zurrmittel beim Diagonalzurren

Die Berechnung der Sicherungskräfte für das Diagonalzurren erfolgt mithilfe der folgenden Formeln. Dabei ist grundsätzlich zu unterscheiden, ob die Absicherung der Ladung in **Längs- oder Querrichtung** des Fahrzeuges zu erfolgen hat. Anders als beim Niederzurren geht es hier nicht darum, wie viele Zurrmittel benötigt werden. Vielmehr werden insgesamt 4 Zurrmittel eingesetzt, wobei jeweils deren maximale Zugkraft (LC) berechnet wird.

Ermittlung der Zugkräfte (LC) **in Längsrichtung:**

$$LC = \frac{m \times g \times (0{,}8 - \mu)}{2 \times (\mu \times \sin\alpha + \cos\alpha \times \cos\beta)}$$

Ermittlung der Zugkräfte (LC) **in Querrichtung:**

$$LC = \frac{m \times g \times (0{,}5 - \mu)}{2 \times (\mu \times \sin\alpha + \cos\alpha \times \sin\beta)}$$

LC = Erforderliche Zugkraft der Zurrmittel im geraden Zug (2 Zurrmittelpaare)
m = Ladungsmasse
g = Erdbeschleunigung ($\approx$ 10 m/s²)
f = Beschleunigungsbeiwert
μ = Reibungsquotient
α = Vertikalwinkel
β = Horizontalwinkel

Neben dem Vertikalwinkel α ist beim Direktzurren zusätzlich noch der Horizontalwinkel β zu berücksichtigen.

Vertikalwinkel α und Horizontalwinkel β beim Diagonalzurren

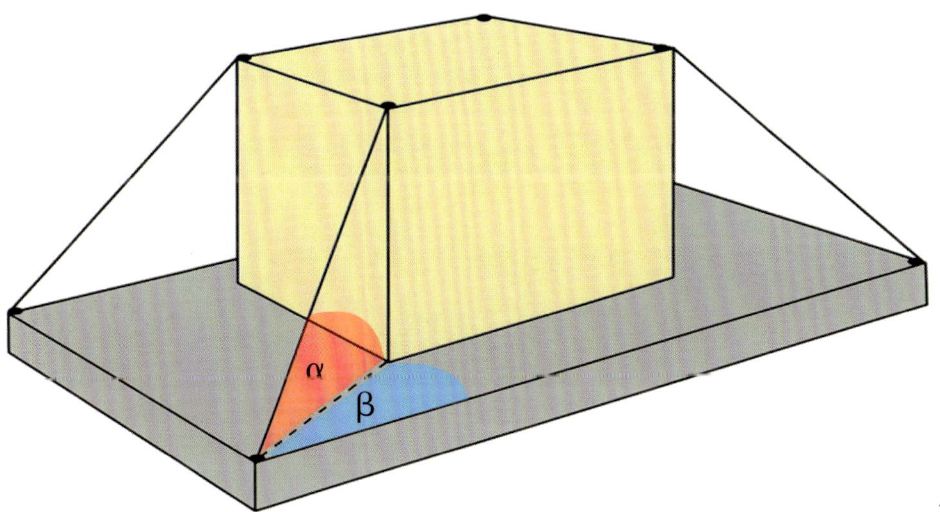

Zum besseren Verständnis soll auch hier ein Anwendungsbeispiel dienen:

Beispiel
Ein Ladegut mit der Masse m = 5.000 kg soll allein durch Diagonalzurren gesichert werden. Der Gleitreibbeiwert beträgt $\mu = 0,3$. Die Zurrwinkel wurden wie folgt ermittelt: Vertikalwinkel $\alpha = 45$ Grad, Horizontalwinkel $\beta = 30$ Grad. Wie groß muss die Zugkraft (LC) der einzelnen Zurrmittel mindestens sein, um die Ladung gegen Rutschen zu sichern?

Setzt man die genannten Werte in die entsprechende Formel ein, so erhält man für die **Längsrichtung** des Fahrzeuges:

$$LC = \frac{5.000\ kg \times 10\ m/s^2 \times (0,8 - 0,3)}{2 \times (0,3 \times \sin 45° + \cos 45° \times \cos 30°)}$$

$$LC = \frac{50.000\ N \times (0,5)}{2 \times (0,3 \times \sin 45° + \cos 45° \times \cos 30°)}$$

$$LC = \frac{5.000\ daN \times (0,5)}{2 \times (0,3 \times 0,71 + 0,71 \times 0,87)}$$

$$LC = \frac{2.500\ daN}{2 \times (0,213 + 0,618)}$$

$$LC = \frac{2.500\ daN}{1,662}$$

LC = 1.504 daN

Analog hierzu erfolgt die Berechnung der Zugkraft (LC) je Zurrmittel **in Querrichtung** zum Fahrzeug:

$$LC = \frac{5.000\ kg \times 10\ m/s^2 \times (0,5 - 0,3)}{2 \times (0,3 \times \sin 45° + \cos 45° \times \sin 30°)}$$

$$LC = \frac{50.000\ N \times (0,2)}{2 \times (0,3 \times \sin 45° + \cos 45° \times \sin 30°)}$$

$$LC = \frac{5.000\ daN \times (0,2)}{2 \times (0,3 \times 0,71 + 0,71 \times 0,5)}$$

$$LC = \frac{1.000\ daN}{2 \times (0,213 + 0,355)}$$

$$LC = \frac{1.000\ daN}{1,136}$$

LC = 880 daN

Es sind also **4 Zurrmittel** mit einer Zugkraft (LC) von jeweils mindestens **1.504 daN** erforderlich, um die Ladung ausreichend zu sichern. In der Praxis könnten beispielsweise Zurrgurte mit einer Zugkraft (LC) von jeweils 2.000 daN ausgewählt werden.

Vergleicht man den errechneten Wert mit dem Ergebnis der Lösungstabelle aus Anhang 2, so ist eine bemerkenswerte Abweichung festzustellen.

Ladungs-masse (kg)	$\mu = 0,1$	$\mu = 0,2$	$\mu = 0,3$
500	750	500	250
1.000	1.500	1.000	500
2.000	4.000	2.000	1.000
3.000	6.300	4.000	1.500
4.000	6.300	4.000	2.000
5.000	10.000	6.300	2.500
6.000	10.000	6.300	4.000

Lösungstabelle Diagonalzurren (Ausschnitt)

Als Erklärung hierfür sind folgende Gründe zu nennen:

- Die Berechnung mittels Formel berücksichtigt nur einen Anwendungsfall. Die Tabellenlösungen besitzen hingegen einen weiten Anwendungsbereich, nämlich die Winkelbereiche α **von 20 bis 65 Grad** und β **von 6 bis 55 Grad**.
- Die Werte der Lösungstabellen wurden bereits auf die Werte handelsüblicher Zurrmittel aufgerundet.

Merke
Mithilfe der Lösungstabellen „Diagonalzurren" erhält man mitunter größere Zugkräfte, als bei der Berechnung des Einzelfalls. Dies ist jedoch begründet und führt immer zu einer ausreichenden Dimensionierung der Zurrmittel.

Schlusswort

Mit dieser Broschüre haben Sie hoffentlich viel Neues zum Thema Ladungssicherung erfahren. Vielleicht haben Sie sich auch gewundert, wie komplex das Thema ist. Und spätestens jetzt sollten Sie erkennen, dass Ladungssicherung von einer Person allein nicht bewältigt werden kann. Ladungssicherung ist eine Gemeinschaftsaufgabe aller am Transport beteiligten Personen.

Damit Ladungssicherung wirklich gelingt, muss nicht nur das entsprechende Wissen vorhanden sein. Genauso wichtig ist es, dass jeder seine Verantwortung wahrnimmt und die mit der Ladungssicherung befassten Mitarbeiter die erforderlichen Sicherungsmaßnahmen auch handwerklich korrekt durchführen.

Nehmen Sie also die Ihnen zugewiesenen Aufgaben, ob Sie nun als Unternehmer, Fahrzeughalter, Absender, Verlader oder Fahrer tätig sind, ernst. Achten Sie dabei auf Ihre eigene Sicherheit und die Ihrer Kolleginnen und Kollegen. Denn nur wenn alle Verantwortlichen Hand in Hand arbeiten, jeder seine Aufgabe fachgerecht und zuverlässig verrichtet, können Schäden und Unfälle durch eine mangelhafte Ladungssicherung dauerhaft vermieden werden.

Bei Ihrer täglichen Arbeit jederzeit viel Erfolg!

Markus Tischendorf

Rechtsquellen

Gesetze, Verordnungen, Vorschriften

Arbeitsschutzgesetz (ArbSchG)
Betriebssicherheitsverordnung (BetrSichV)
Straßenverkehrsordnung (StVO)
Straßenverkehrs-Zulassungsordnung (StVZO)
Handelsgesetzbuch (HGB)
Gefahrgutbeförderungsgesetz (GGBefG)
Gefahrgutbeauftragtenverordnung (GbV)
Gefahrgutverordnung Straße, Eisenbahn und Binnenschifffahrt (GGVSEB)
CTU-Packrichtlinie
Internationale ADR-Richtlinien
Unfallverhütungsvorschrift „Grundsätze der Prävention" (DGUV Vorschrift 1)
Unfallverhütungsvorschrift „Fahrzeuge" (DGUV Vorschrift 70)

Technische Regelwerke

DIN EN 12195 Teil 2 „Zurrgurte"
DIN EN 12195 Teil 3 „Zurrketten"
DIN EN 12195 Teil 4 „Zurrdrahtseile"
DIN EN 12640 „Zurrpunkte an Nutzfahrzeugen"
DIN EN 12642 „Aufbauten an Nutzfahrzeugen"
DIN EN 283 „Wechselbehälter"
DIN EN ISO 780 „Grafische Symbole für Versandverpackungen"
DIN ISO 27955 „Ladungssicherung im Pkw, Pkw-Kombi und Mehrzweck-Pkw"
DIN ISO 27956 „Ladungssicherung im Kastenwagen"
VDI 2700 ff. „Ladungssicherung auf Straßenfahrzeugen"
VDI 3968 ff. „Sicherung von Ladeeinheiten"

Glossar (alphabetisch)

Antirutschmatte (ARM)
Material zur Erhöhung der Reibung zwischen Ladung und Ladefläche oder zwischen einzelnen Lagen von Gütern.

Beschleunigungsbeiwert f
Beiwert zur Berücksichtigung der Massenkräfte im Fahrbetrieb standsicherer Ladegüter.

Beschleunigungsbeiwert f_K
Beiwert zur Berücksichtigung der Massenkräfte im Fahrbetrieb kippgefährdeter Ladegüter.

Diagonalzurren
Formschlüssige Sicherungsmethode, bei der die Ladung mithilfe von Zurrmitteln durch Festhalten gesichert wird. Die Zurrmittel sind diagonal im Raum angeordnet.

Formschluss
Sicherung der Ladung durch den Fahrzeugaufbau, Teile hiervon oder durch Festhalten mithilfe von Zurrmitteln.

Gewichtskraft
Kraft, mit der die Ladung auf eine horizontale Ladefläche wirkt.

Gleitreibbeiwert μ
Beiwert zur Bestimmung der Reibung während der Bewegung der Ladung auf der Ladefläche; sprich: mü.

Handkraft (SHF)
Kraft des Bedieners, mit der dieser das Spannelement eines Zurrmittels bedient (Norm: Standard Hand Force).

Horizontalwinkel β
Winkel in der horizontalen Ebene, gemessen zwischen Zurrmittel und Außenrahmen des Fahrzeuges; sprich: beta.

Kippgefahr
Neigung eines Ladegutes zum Kippen, aufgrund ungünstiger Abmessungen oder der Schwerpunktlage.

Kopfschlingenzurren
Methode zur Sicherung der Ladung in Längsrichtung des Fahrzeuges (Direktzurrverfahren).

Kraftschluss
Sicherung der Ladung durch die Wirkung von Reibungskräften.

Massenkraft
Kraft, die aufgrund verkehrsüblicher Fahrbewegungen von der Ladung ausgeht.

Niederzurren
Kraftschlüssige Sicherungsmethode, bei der die Ladung mithilfe von Zurrmitteln auf die Ladefläche gepresst wird.

Reibungskraft
Kraft zwischen Ladung und Ladefläche, welche entgegengerichtet zur Ladungsverschiebung wirkt.

Sicherungskraft
Differenz aus Massenkraft und Reibungskraft.

Spannelement
Bauteile oder Einrichtungen zum Aufbringen der Vorspannkraft eines Zurrmittels (z. B. Ratsche, Winde).

Spannmittel
Textiler Gurt, kurzgliedrige Kette oder Stahldrahtseil.

Standsicherheitsbeiwert γ
Beiwert zur Berücksichtigung der Kippgefahr eines Ladegutes; sprich: gamma.

Übertragungsbeiwert k
Beiwert zur Berücksichtigung einer ungleichen Verteilung der Vorspannkraft beim Niederzurren.

Umschlingungszurren
Methode zur Sicherung der Ladung quer zur Längsrichtung des Fahrzeuges (Direktzurrverfahren).

Verbindungselement
Endbeschlag (z. B. Haken) zur Befestigung eines Zurrmittels am Fahrzeugaufbau oder an der Ladung.

Vertikalwinkel α
Winkel in der vertikalen Ebene, gemessen zwischen Zurrmittel und Ladefläche; sprich: alpha.

Vorspannkraft (STF)
Auf dem Etikett oder Anhänger eines Zurrmittels gekennzeichnete Kraft, welche bei bestimmungsgemäßer Verwendung des Spannelementes erreicht wird (Norm: Standard Tension Force).

Zugkraft (LC)
Maximale Kraft, mit der ein Zurrmittel im geraden Zug belastet werden darf (Norm: Lashing Capacity).

Zurrmittel
Gurt, Kette oder Drahtseil zur Sicherung der Ladung auf Straßenfahrzeugen.

Lösungstabelle Niederzurren (1 bis 4 t)

Dolezych-Einfach-Methode©, Angaben ohne Gewähr

Masse der Ladung (t)		1			2			3			4		
Winkel α (Grad)		35	60	90	35	60	90	35	60	90	35	60	90
STF	μ	Anzahl der erforderlichen Zurrmittel											
300 daN	0,1	23	15	13	–	30	26	–	–	–	–	–	–
	0,3	6	4	4	11	7	7	16	11	10	22	14	13
	0,6	2	2	2	3	2	2	4	3	2	5	3	3
600 daN	0,1	12	8	7	23	15	13	–	23	20	–	30	26
	0,3	3	2	2	6	4	4	8	6	5	11	7	7
	0,6	2	2	2	2	2	2	2	2	2	3	2	2

Lösungstabelle Niederzurren (6 bis 16 t)

Dolezych-Einfach-Methode©, Angaben ohne Gewähr

Masse der Ladung (t)		6			10			12			16		
Winkel α (Grad)		35	60	90	35	60	90	35	60	90	35	60	90
STF	μ	Anzahl der erforderlichen Zurrmittel											
300 daN	0,1	–	–	–	–	–	–	–	–	–	–	–	–
	0,3	–	21	19	–	–	–	–	–	–	–	–	–
	0,6	7	5	4	11	7	7	13	9	8	17	12	10
600 daN	0,1	–	–	–	–	–	–	–	–	–	–	–	–
	0,3	16	11	10	27	18	16	–	21	19	–	28	25
	0,6	4	3	2	6	4	4	7	5	4	9	6	5

Lösungstabelle Diagonalzurren (0,5 bis 8 t)*

Dolezych-Einfach-Methode©, Angaben ohne Gewähr

Ladungs-masse (kg)	μ = 0,1	μ = 0,2	μ = 0,3	μ = 0,4	μ = 0,5	μ = 0,6
500	750	500	250	250	250	250
1.000	1.500	1.000	500	500	250	250
2.000	4.000	2.000	1.000	750	500	500
3.000	6.300	4.000	1.500	1.000	750	500
4.000	6.300	4.000	2.000	1.500	1.000	750
5.000	10.000	6.300	2.500	2.000	1.500	750
6.000	10.000	6.300	4.000	2.000	1.500	1.000
7.000	16.000	6.300	4.000	2.500	1.500	1.000
8.000	16.000	10.000	4.000	4.000	2.000	1.500

Erforderliche Zugkraft (LC) je Zurrmittel, zwei Zurrmittelpaare

Lösungstabelle Diagonalzurren (9 bis 24 t)

Dolezych-Einfach-Methode©, Angaben ohne Gewähr

Ladungs-masse (kg)	μ = 0,1	μ = 0,2	μ = 0,3	μ = 0,4	μ = 0,5	μ = 0,6
9.000	16.000	10.000	6.300	4.000	2.000	1.500
10.000	16.000	10.000	6.300	4.000	2.500	1.500
12.000	20.000	16.000	6.300	4.000	4.000	2.000
14.000	–	16.000	10.000	6.300	4.000	2.000
16.000	–	16.000	10.000	6.300	4.000	2.500
18.000	–	20.000	10.000	6.300	4.000	2.500
20.000	–	20.000	10.000	10.000	6.300	4.000
22.000	–	20.000	16.000	10.000	6.300	4.000
24.000	–	–	16.000	10.000	6.300	4.000

Erforderliche Zugkraft (LC) je Zurrmittel, zwei Zurrmittelpaare

* Die Lösungstabellen auf dieser Seite gelten nur für folgende Winkelbereiche: Vertikalwinkel α von 20 bis 65 Grad und Horizontalwinkel β von 6 bis 55 Grad.

Checkliste „Ladungssicherung"

Nr.	Themenfelder	Bewertung	
1	Stehen für die Beförderung von Waren und Gütern geeignete Fahrzeuge und Einrichtungen zur Verfügung?	❑ ja	❑ nein
2	Werden die Fahrzeuge regelmäßig auf ihren verkehrs- und arbeitssicheren Zustand hin überprüft?	❑ ja	❑ nein
3	Stehen geeignete Zurr- und Hilfsmittel für die Ladungssicherung in ausreichender Anzahl zur Verfügung?	❑ ja	❑ nein
4	Werden die Zurr- und Hilfsmittel regelmäßig durch eine befähigte Person (Sachkundiger) geprüft?	❑ ja	❑ nein
5	Sind die Ladegüter derart gestaltet oder verpackt, dass sie ordnungsgemäß gesichert werden können?	❑ ja	❑ nein
6	Sind die Ladegüter entsprechend ihren individuellen Besonderheiten eindeutig gekennzeichnet?	❑ ja	❑ nein
7	Werden bei der Beförderung von Gefahrgütern die einschlägigen Gefahrgutvorschriften beachtet?	❑ ja	❑ nein
8	Wurden für die Ladungssicherung betriebliche Regelungen (z. B. Lade- und Betriebsanweisungen) erstellt und sind diese den Mitarbeitern bekannt?	❑ ja	❑ nein
9	Verfügen die Mitarbeiter über die erforderliche Qualifikation zum Durchführen der Lade- und Sicherungsarbeiten?	❑ ja	❑ nein
10	Werden die Mitarbeiter vor Beginn der Arbeiten, in regelmäßigen Abständen sowie bei besonderen Anlässen unterwiesen?	❑ ja	❑ nein
11	Werden im Betrieb regelmäßig Wirksamkeitskontrollen zur Ladungssicherung durchgeführt?	❑ ja	❑ nein
12	Wurden für die eingesetzten Fahrzeuge Lastverteilungspläne erstellt und werden diese beim Ladevorgang berücksichtigt?	❑ ja	❑ nein
13	Gibt es betriebliche Regelungen für die Beschaffung (auch Ersatzbeschaffung) von Zurr- und Hilfsmitteln zur Ladungssicherung?	❑ ja	❑ nein
14	Besitzen die Mitarbeiter die Möglichkeit, Verbesserungsvorschläge hinsichtlich Sicherheit und Gesundheit bei der Arbeit zu machen?	❑ ja	❑ nein
15	Werden die durchgeführten Maßnahmen zur Ladungssicherung dokumentiert?	❑ ja	❑ nein

Die Beantwortung mindestens einer Frage mit „nein" zeigt einen Handlungsbedarf an.

Bildzeichen zur Handhabung und Lagerung von Gütern (Auswahl)

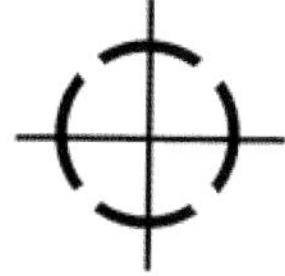

Schwerpunkt

Anschlagen hier

Zerbrechlich

Keine Handhaken verwenden

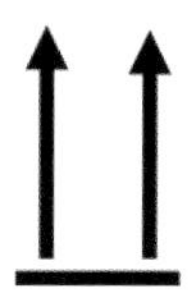

Oben

Stechkarre hier nicht ansetzen

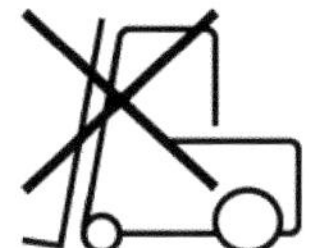

Keine Gabelstapler ansetzen

keine Klammern in Pfeilrichtung

Klammern in Pfeilrichtung

Nicht rollen

Vor Nässe schützen

Vor Hitze schützen

Vor radioaktiven Strahlen schützen

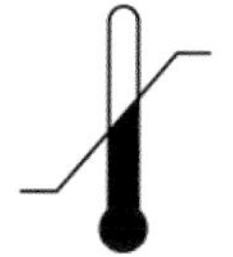

Zulässiger Temperaturbereich

Begrenzung der Stapellast (in kg)

Stapel-begrenzung

Nicht stapeln

Kennzeichnung von Gefahrgütern

Klasse 1:
Explosive Stoffe und Gegenstände mit Explosivstoff

Klasse 2:
Gase

Entzündbare Gase

Entzündbare Gase

Nicht entzündbare nicht giftige Gase

Nicht entzündbare nicht giftige Gase

Giftige Gase

Klasse 3:
Entzündbare Flüssigkeiten

Entzündbare flüssige Stoffe

Entzündbare flüssige Stoffe

Klasse 4:
Entzündbare feste Stoffe

Endzündbare feste Stoffe, selbstzersetzliche Stoffe und desensibilisierte explosive Stoffe

Selbstentzündliche Stoffe

Stoffe, die in Berührung mit Wasser entzündbare Gase entwickeln

Stoffe, die in Berührung mit Wasser entzündbare Gase entwickeln

Klasse 5:
Entzündend (oxidierend) wirkende Stoffe und organische Produkte

Entzündend (oxidierend) wirkende Stoffe

Organische Peroxide

Organische Peroxide

Klasse 6:
Giftige und ansteckungsgefährliche Stoffe

Giftige Stoffe

Ansteckungsgefährliche Stoffe

Klasse 7:
Radioaktive Stoffe

Kategorie I

Kategorie II

Kategorie III

Spaltbare Stoffe

Klasse 8:
Ätzende Stoffe

Klasse 9:
Verschiedene gefährliche Stoffe und Gegenstände

1.000-Punkte-Regelung

Die „1.000-Punkte-Regelung" kann angewandt werden, wenn bestimmte Mengen an Gefahrgut nicht überschritten werden. Zur Ermittlung der Höchstmengen werden die Beförderungskategorien 0, 1, 2, 3 und 4 verwendet. Gemäß dem Gefahrgutrecht (ADR) dürfen folgende zulässigen Gesamtmengen je Beförderungseinheit nicht überschritten werden (vgl. nebenstehende Tabelle, Spalte 2). Beim Transport mehrerer Gefahrgüter unterschiedlicher Beförderungskategorien wird die zu befördernde Menge mit dem Faktor (F) multipliziert - vgl. Tabelle, Spalte 3. Die Ergebnisse für die verschiedenen Gefahrstoffe werden anschließend addiert. Um Erleichterungen beim Gefahrgut-Transport in Anspruch zu nehmen, darf das Gesamtergebnis die Zahl 1.000 nicht überschreiten.

Beförderungskategorie	Höchstzulässige Gesamtmenge je Beförderungseinheit	Multiplikationsfaktor (F)
1	20	50
2	333	3
3	1.000	1
4	unbegrenzt	-
0	0	-

Dieses einfache Beispiel zeigt, wie kompliziert Beförderungen nach dem Gefahrgutrecht sein können. Bei vergleichbaren Transportaufgaben sollten sich Arbeitgeber und Beschäftigte deshalb frühzeitig über die gesetzlichen ADR-Bestimmungen informieren.

Zum besseren Verständnis soll folgendes Beispiel dienen:
Es sollen 20 kg Propan, 10 kg Butan und 15 kg Aerosoldosen mit einem entzündbaren, ätzenden Stoff befördert werden. Kann hierfür die „1.000-Punkte-Regelung" genutzt werden?

UN-Nr.	Bezeichnung	Bef.-Kat.	Faktor (F)	zu befördernde Menge	Punkte
1978	Propan	2	3	20 kg	60
1011	Butan	2	3	10 kg	30
1950	Druckgaspackungen, entzündbar, ätzend	1	50	15 kg	750
				gesamt:	**840**

Ergebnis: Ein erleichterter Transport ist möglich, da 840 kleiner als 1.000 ist.
Erleichterung nach der „1.000-Punkte-Regelung" bedeutet, dass unter anderem auf folgende Maßnahmen verzichtet werden kann (Aufzählung nicht abschließend):

- **Gefahrgutbeauftragter**; das Unternehmen ist von der Bestellung eines Gefahrgutbeauftragten befreit.
- **Ausbildung Fahrpersonal**; eine ADR-Schulungsbescheinigung für das Fahrpersonal ist nicht erforderlich.
- **Fahrzeug und Ausrüstung**; das Fahrzeug muss nicht nach den Gefahrgutvorschriften zugelassen und ausgerüstet sein. Aber: Es ist ein 2 kg-Feuerlöscher mitzuführen.
- **Fahrzeug-Kennzeichnung**; eine Gefahrgut-Kennzeichnung des Fahrzeuges ist nicht erforderlich.

Hinweis

ADR = Abkürzung für „Agreement concerning the International Carriage of Dangerous Goods by Road", bis 2020 „Accord europeen relatif au transport international des marchandises dangereuses par route", zu Deutsch „Europäisches Übereinkommen über die internationale Beförderung gefährlicher Güter auf der Straße"

Bildnachweis:

Adobe Stock / 125054687 / Thomas Söllner: Seite 12
Adobe Stock / 16731181 / Jan Dirk: Seite 14
Adobe Stock / 509627293 / askar66: Seite 26 (Gebotszeichen)
Bundesministerium für Verkehr, Bau und Stadtentwicklung: Seite 78 (Gefahrzeichen)
Fotolia / Fälchle, Jürgen: Seite 2
Fotolia / Funke, Frank-Peter: Seite 11
Fotolia / Industrieblick: Seite 29
Fotolia / SG-design: Seite 11
Fotolia / topae: Seite 24 (Gitterboxpalette)
Resch-Verlag: Abbildungen auf den Seiten 9 und 47

Der Autor dankt folgenden Firmen / Behörden für die freundliche Bereitstellung des Bildmaterials (in alphabetischer Reihenfolge):

BRUGG Lifting AG, CH-5242 Birr: Seite 49 (Schäden an Zurrdrahtseilen)
Bott GmbH & Co. KG, 74405 Gaildorf: Seiten 51, 53 links
Dr. Thiel GmbH, 99510 Apolda: Seiten 59, 60 links
Dolezych GmbH & Co. KG, 44147 Dortmund: Seiten 64, 66, 68, 74 + 75 (Tabellen)
Fliegl Fahrzeugbau GmbH, 07819 Triptis: Seiten 19 unten, 35, 40 unten, 55 Mitte + unten
G&H GmbH Rothschenk, 97239 Aub: Seite 57
J. D. Theile GmbH & Co. KG, 58239 Schwerte: Seiten 23 unten links, 44 (Ratschenspanner), 47 unten
Lloyd Dynamowerke GmbH, 28207 Bremen: Seite 30 links
marotech GmbH, 36041 Fulda: Seiten 13, 54 oben, 56
Polizei Edewecht, 26188 Edewecht: Seite 6
RUD Ketten Rieger & Dietz GmbH u. Co. KG, 73432 Aalen: Seiten 23 unten rechts, 38 rechts
Sortimo International GmbH, 86441 Zusmarshausen: Seiten 52, 53 rechts
SpanSet GmbH, 52531 Übach-Palenberg: Seite 62 oben
WISTRA GmbH Cargo Control, 23923 Selmsdorf: Seite 42 links

Alle weiteren Fotos / Abbildungen vom Verfasser.